Inspirierendes Kind

„Du bist beson...

Süße Geschichten über Selbstbewusstsein,

Achtsamkeit & Mut für starke Kinder

(Geschenkbuch für Kinder)

Brigitte Bacher

Brigitte Bacher
© Virtuoso

V
VIRTUOSO
books and more

1. Auflage 2020

Brigitte Bacher

Brigitte Bacher
© Virtuoso

VIRTUOSO
books and more

1. Auflage 2020
Alle Rechte vorbehalten
ISBN: 978-3-96709-024-6

INHALTSVERZEICHNIS

Dieses Buch gehört:

. . . .

VORWORT

Hallo, liebes Kind, liebe Eltern,
bevor wir uns den spannenden Geschichten widmen, möchte ich
mich kurz vorstellen:

Mein Name ist Brigitte Bacher und ich verfasse regelmäßig
Ratgeber im Bereich „Familie & Kinder". Als ausgebildete
Gesundheitstrainerin und Ernährungsberaterin ist es mein
Wunsch, das Wohlbefinden meiner Leserinnen & Leser zu
steigern.

Was hinter diesen Geschichten steckt

Mit diesem inspirierenden Kinderbuch möchte ich allen Kindern helfen, ihr Selbstvertrauen, ihr Konzentrationsvermögen und ihren Mut zu stärken. Mit den lieben Kindern & Wesen aus meinen Geschichten kann sich jedes Kind identifizieren und sich vielleicht in der einen oder anderen Situation selbst wiedererkennen. Dies soll bewirken, dass sich die Kinder reflektieren und spielerisch lernen, an sich zu glauben.

Jeder hat mal Selbstzweifel und auch der mutigste Held leidet manchmal unter Ängsten. Kinder sollen verstehen, dass es ganz natürlich ist, ab und an zu hadern, man aber seine Zweifel überwinden kann.

Zu jeder Geschichte steht zu Anfang geschrieben, welche Eigenschaft sie stärkt und worüber sie handelt. Am Ende der Geschichte wartet ein kleiner interaktiver Teil, der das Kind direkt zum Denken und Lernen anregt. Hierbei empfehle ich, dass mit dem Kind gemeinsam darüber gesprochen und behutsam auf seine eigenen Gedanken und Gefühle eingegangen wird, wenn es etwas erzählt. Dabei gibt es kein „Richtig oder Falsch". Der interaktive Part dient lediglich dazu, dass das Kind über sich selbst nachdenkt und sich mit seinen Eltern austauscht über Dinge, die es vielleicht in seinem Innersten bewegen. Die Bilder zu allen Geschichten können ausgemalt werden, was die Fantasie der Kinder anregt.

Nun wünsche ich viel Freude beim Lesen & Zuhören,

Eure

1. DER ANGSTHASE & DIE GIRAFFE SCHAFFI

Der Angsthase macht seinem Namen alle Ehren und schreckt vor jeder kleinen Herausforderung zurück. Er glaubt einfach nicht, dass er genauso hoch hüpfen kann wie seine Geschwister. Doch dann begegnet er der Giraffe Schaffi und lernt von ihr auf liebevolle Weise, dass man auf sich und seine Fähigkeiten vertrauen kann.

LERNEFFEKT

Selbstvertrauen

DIE GESCHICHTE

„Aaangsthase! Wo bist du?", rufen ihn seine Geschwister Lola und Löffel. Sie wollen gleich zum Hasenspielplatz um die Ecke, um dort zu schaukeln, zu rutschen und um die Wette zu hüpfen. Doch der Angsthase hat sich im Stall versteckt, er möchte nicht mit. Nachdem seine Geschwister vergeblich nach ihm suchten, machen sie sich ohne ihn auf den Weg. Der Angsthase ist erleichtert, denn er hüpft gar nicht gerne um die Wette. Lola und Löffel können nämlich viel höher hüpfen als er. Übrigens heißt der Angsthase in Wirklichkeit Hoppel, doch da er der Ängstlichste in der Familie ist und der einzige Hase weit und breit, der nicht hoppelt, hat er bereits sehr früh den Spitznamen „Angsthase" bekommen. Hoppel, so wie er wirklich heißt, nennt ihn heute keiner mehr.

Vielleicht fragst du dich jetzt, wie es sein kann, dass der Angsthase nicht hoppelt. Das war nicht immer so, als ganz kleiner Hase ist er nämlich den lieben langen Tag herumgehoppelt. Doch an einem frühen Morgen, auf dem Weg zum Kindergarten, ist der Angsthase dabei mit seinem Hinterbein umgeknickt und hat sich ganz doll weh getan. Es war noch leicht dämmrig und er hat einen hervorstehenden Baumstamm übersehen. Obwohl sein Beinchen längst verheilt ist, ist er seitdem nie wieder gehoppelt.

Als seine Geschwisterhasen außer Sichtweite sind, kriecht der Angsthase aus seinem Versteck heraus. Er macht sich alleine auf den Weg und läuft den sattgrünen Feldweg entlang, der in den gegenüberliegenden Wald hineinführt. Der Angsthase freut sich jedes Mal aufs Neue, an den vielen bunten Blumen zu schnuppern oder das Gras unter seinen Füßchen zu spüren. Da er nicht so schnell hoppelt wie seine Artgenossen, hat er viel mehr Zeit, all die kleinen, schönen Dinge und die vielfältige Natur um ihn herum zu genießen.

Als der Angsthase am Waldrand herumspaziert, bemerkt er plötzlich etwas Seltsames inmitten der Bäume. Nanu, so etwas hat er noch nie zuvor gesehen! Zwischen den Baumstämmen erkennt er lange, dünne Beine mit braunen, unregelmäßigen Flecken. Sein Blick schweift weiter entlang der Gestalt und er erkennt einen extrem langen Hals und zwei lustige, schwarze Augen. Die vielen Blätter und Äste versperren ihm etwas die Sicht, doch der Angsthase ist sich ganz sicher, dass da jemand sehr Großes steht. „Halloo, wer ist da?", ruft der Hase den zwei Augen zu. Die Pupillen drehen sofort in seine Richtung und der Riese geht Schritt für Schritt auf ihn zu. Eine freundliche, warme Stimme fragt: „Wer bist du?" „Ich bin der Angsthase", antwortet das Häschen. Ein bisschen Bammel hat er schon, wer das wohl sein mag, aber die Neugier ist stärker. „Und wer bist du?", möchte er von dem Riesen wissen. Noch bevor der Riese dem Angsthasen antwortet, steht er

auch schon direkt vor ihm. „Ich heiße Schaffi", sagt der Gigant mit den vielen Punkten fröhlich. „Bist du eine Giraffe?", fragt der Angsthase. Der Riese nickt. So unterschiedlich die beiden Wesen sind, so sympathisch sind sie sich. Sie werden auf Anhieb Freunde. Die Giraffe streckt ihren langen Hals hinunter in Richtung des Hasen und fragt ihn nach seinem Namen. „Na, ich heiße doch Angsthase", antwortet der Hase. Die Giraffe ist etwas verdutzt: „Das kann doch nicht dein echter Name sein?" Der Angsthase zögert eine Weile, bis er verrät: „In Wirklichkeit heiße ich Hoppel, aber keiner nennt mich so." Das scheint Schaffi nicht zu verstehen und möchte erfahren, warum ihn keiner bei seinem richtigen Namen nennt. Dann erklärt er der Giraffe alles von Anfang bis Ende. Die Giraffe ist ein bisschen traurig darüber, dass der liebe Hase nicht mehr hoppelt und möchte dies unbedingt ändern. Sie beschließt ihn bei seinem tatsächlichen Namen zu nennen.

Plötzlich knurrt Schaffi der Magen so laut, dass die beiden lachen müssen. Schaffi legt sein Gesicht auf den Boden ab und fordert den Hasen auf: „Hoppel, komm, ich nehme dich mit!" Der neugierige Hase wartet nicht lange und klettert sofort hinauf auf die Giraffe, über ihren langen Hals bis auf ihren Rücken. Dort setzt er sich hin und dann läuft Schaffi auch schon los. Der Angsthase findet es ganz toll, so weit oben zu sitzen. Er ist die Höhe gar nicht mehr gewöhnt, seitdem er nicht mehr hoppelt und genießt die frische Luft und tolle Aussicht da oben. Getrieben von einem Bärenhunger durchquert Schaffi den halben Wald mit seinen langen Beinen. Er liebt Äpfel, nur leider wachsen die roten, süßen immer nur ganz oben in den Baumkronen. Es ist für die Giraffe, die noch nicht ausgewachsen ist, schwierig, dort hinaufzukommen. Aber Schaffi ist fest entschlossen: „Weißt du was, Hoppel – ich bin eine Giraffe und mein langer Hals dient dazu, die leckersten Äpfel in den höchsten Baumkronen zu pflücken!"

Der Angsthase ermutigt Schaffi: „Ja, es wird dir bestimmt gelingen! Ui, schau, dort hängt aber ein ganz besonders saftiger Apfel! Mhhh…" Schaffi stürmt eisernen Willens auf diesen Baum mit dem leckersten Apfel zu, er streckt seinen Hals heraus und macht ihn ganz lang, bis es ihm tatsächlich gelingt, den Apfel mit seinen Zähnen zu pflücken.

Schaffi gibt Hoppel die eine Apfelhälfte und beißt dann kräftig in die andere: „Mhhh, mampf-mampf, mhhh…", die beiden lassen ihn sich schmecken.
Nach einem gemütlichen Verdauungsspaziergang verabschieden sie sich voneinander und verabreden sich für den nächsten Tag. Während der Angsthase nach Hause geht, lässt er das Erlebte Revue passieren. Viele Gedanken gehen ihm durch den Kopf: „Oh, war das ein schöner Tag! Und es war ganz toll, da oben auf der Giraffe zu sitzen. Wenn Schaffi es geschafft hat, sich die leckersten

Äpfel von ganz oben zu holen, vielleicht schaffe ich es dann auch, wieder zu hoppeln."

Am nächsten Morgen steht der Angsthase vergnügt auf. Das Erste, was ihm in den Sinn kommt, ist sein neuer Freund Schaffi, der ihn dazu ermutigt hat, das Hoppeln zu versuchen. „Ja, ich glaube ganz fest daran, dass ich so hoch hüpfen kann wie meine Geschwister! Schließlich bin ich ein Hase, genau wie sie. Wenn ich nicht hoppeln kann, wer dann?!", ist der Angsthase überzeugt. Schließlich läge es in seiner Natur, zu hoppeln. Genau wie Giraffen mit einem langen Hals geboren sind, um die höchsten Bäume zu erreichen. Noch hat der eifrige Hase seinen Plan niemandem verraten. Nach der Schule beschließt er direkt in den Wald zu gehen, ganz allein, um seine ersten Hoppelversuche nach langer Zeit zu machen. Der Angsthase vertraut ganz auf seine Fähigkeiten, nimmt Anlauf und springt dann mit aller Kraft in die Luft. Seine langen Hinterbeine katapultieren ihn ideal in die Höhe. Er ist ganz begeistert, hat jeden Zweifel völlig verloren und hoppelt wild umher. Er springt so hoch wie noch kein Hase zuvor gesprungen ist. Schnurstracks hüpft er nach Hause und ruft seine Geschwister Lola und Löffel. „Kommt mit mir mit!", ruft er ihnen zu. Und sie springen sofort auf und rennen ihm nach. Am Waldrand angelangt, ruft der Angsthase nach seinem neuen Freund: „Schaffi! Schaaffii! Wo bist du?" Die Giraffe hört seine Rufe aus der Ferne und folgt der Stimme. Schon nach kürzester Zeit erblickt Schaffi Hoppel, denn schließlich hat die Giraffe mit ihrem langen Hals den besten Blick über den ganzen Wald. Jetzt, da alle versammelt sind, demonstriert der Angsthase seine Hoppelkünste.

Sie trauen ihren Augen nicht, der Angsthase hoppelt wieder! Und noch viel höher als je zuvor! Lola und Löffel staunen und entscheiden sich, ihn ab sofort wieder Hoppel zu nennen, nicht

mehr Angsthase. Sie sind sehr stolz auf ihn, denn er hat seine Angst überwunden und vertraut nun wieder in seine Fähigkeiten. „Das habe ich dir zu verdanken, lieber Schaffi", bedankt sich der Hase bei der Giraffe. Die freut sich riesig, dass sie ihrem „langohrigen" Freund zeigen konnte, dass man immer an sich selbst glauben kann.

INTERAKTIVER TEIL

Was sind deine besonderen Fähigkeiten?

Gibt es etwas, das dir gerade Sorgen bereitet, weil du denkst, du würdest es nicht schaffen?

2. DER TOLLOSAURUS

Der Tollosaurus ist wirklich ein toller Typ und sehr beliebt in seinem Dino-Dorf. Wenn da nur seine Stacheln nicht wären! Ab und an passiert ihm schon mal ein Missgeschick. Das finden seine Dino-Freunde gar nicht toll... Doch der Tollosaurus lässt sich nicht unterkriegen und denkt gar nicht daran, sich zu verstecken. Er findet sich samt seiner Stacheln nämlich ganz super, eben genau so, wie er ist! Ob die anderen Dino-Kinder wohl über seine Stacheln hinwegsehen werden?

LERNEFFEKT

Stärke

DIE GESCHICHTE

„Heute ist so ein toller Tag!", ruft der Dino Tollosaurus, während er über die Wiese hopst. Die Sonne scheint ihm auf seinen großen, grünen Rücken und ein breites Lächeln liegt auf seinen Lippen. Er war noch nie so gut gelaunt wie heute, denn er ist eingeladen auf Rex´ Geburtstagsparty. Rex wird heute 5 Jahre alt und alle Dino-Kinder aus dem ganzen Dorf sind eingeladen. Mit einem schönen Geschenk für Rex unter den Arm geklemmt rennt Tollosaurus über das Feld. Das Geburtstagskind wohnt auf der ganz anderen Seite des Dorfs und um auf seine Feier zu kommen, hat Tollosaurus eine lange Strecke zurückzulegen. Er kann es kaum erwarten, endlich bei seinem Freund anzukommen und läuft immer schneller. Der Feldweg ist eine geheime Abkürzung, die nur Tollosaurus und ganz wenige andere Dino-Kinder kennen. Herr Hase, dem das Feld gehört, findet es gar nicht toll, dass Tollosaurus darübertrampelt. „Du zertrittst all meine Blümlein! Pass doch auf! Du sollst hier nicht drüberlaufen!", schimpft der alte Hase. Doch Tollosaurus ist so schnell, dass er längst vorbeigezogen ist, als Herr Hase das letzte Wort ausgesprochen hat. Auch Frau Maulwurf regt sich fürchterlich auf: „Oh je, diese Unordnung, die der riesige Dino hinterlässt! Jetzt kann ich meinen Hauseingang schon wieder fegen…"

Ein paar Minuten später ist Tollosaurus endlich angekommen. An Rex´ Hauseingang hängen viele bunte Luftballons, die alle in der Luft schweben. „Sind die schööön!", schwärmt der Dino. Rex´ Eltern haben heute zum Geburtstag ihres Kindes das ganze Haus geschmückt. „Wenn ich Geburtstag habe, dann wünsche ich mir auch ganz viele Luftballons in vielen bunten Farben! Und ich lade auch alle Dino-Kinder aus dem Dorf ein!", überlegt sich Tollosaurus. Dann ruft ihn auch schon sein Freund Rex: „Tolloooo! Juhu, da bist du ja endlich! Komm herein, wir haben schon auf dich gewartet!" Er hält Tollosaurus fröhlich und erwartungsvoll die Haustür auf, sodass er eintreten kann. Das Geburtstagskind hat einen lustigen Hut auf und setzt seinem neuen Gast genauso einen auf. „Der sieht ja witzig aus, Danke. Den lasse ich den ganzen Tag an, damit jeder weiß, dass du heute Geburtstag hast!", beschließt Tollosaurus.

Daraufhin rennen alle Dino-Kinder aufgeregt in das Kinderzimmer, wo viele tolle Spiele vorbereitet sind. Das Haus ist so voll, dass kaum ein Dino mehr hineinpassen würde. Während Rex´ Mutter

Ein paar Minuten später ist Tollosaurus endlich angekommen. An Rex´ Hauseingang hängen viele bunte Luftballons, die alle in der Luft schweben. „Sind die schööön!", schwärmt der Dino. Rex´ Eltern haben heute zum Geburtstag ihres Kindes das ganze Haus geschmückt. „Wenn ich Geburtstag habe, dann wünsche ich mir auch ganz viele Luftballons in vielen bunten Farben! Und ich lade auch alle Dino-Kinder aus dem Dorf ein!", überlegt sich Tollosaurus. Dann ruft ihn auch schon sein Freund Rex: „Tolloooo! Juhu, da bist du ja endlich! Komm herein, wir haben schon auf dich gewartet!" Er hält Tollosaurus fröhlich und erwartungsvoll die Haustür auf, sodass er eintreten kann. Das Geburtstagskind hat einen lustigen Hut auf und setzt seinem neuen Gast genauso einen auf. „Der sieht ja witzig aus, danke. Den lasse ich den ganzen Tag an, damit jeder weiß, dass du heute Geburtstag hast!", beschließt Tollosaurus.

Daraufhin rennen alle Dino-Kinder aufgeregt in das Kinderzimmer, wo viele tolle Spiele vorbereitet sind. Das Haus ist so voll, dass kaum ein Dino mehr hineinpassen würde. Während Rex´ Mutter Torten, Kuchen und Limonade in der Küche vorbereitet, spielen alle Gäste mit dem Geburtstagskind Luftballon. Sie stehen im Kreis und werfen sich viele bunte Luftballons gegenseitig zu. Dabei haben sie viel Spaß und lachen laut. Doch immer, wenn ein Luftballon auf Tollosaurus fällt, macht es einen lauten Knall, die Dino-Kinder erschrecken sich und der Luftballon geht kaputt! Leider bringen Tollosaurus´ Stacheln einen Ballon nach dem anderen zum Platzen. Und obwohl die Kinder ihm schon gar nicht mehr zuspielen, fällt doch immer wieder mal einer auf seine Stacheln drauf. Tollosaurus ist traurig, da die anderen Kinder ihn nicht mehr mitspielen lassen und weil alle Ballons wegen seiner Stacheln platzen. Zum Schluss ist kein einziger mehr übrig und die Kinder müssen das Spiel beenden.

„Das ist ja gar nicht toll! Jetzt sind all unsere bunten Luftballons kaputt wegen Tollosaurus!", ruft einer der Gäste erzürnt. Tollosaurus entschuldigt sich bei allen Kindern: „Ich kann doch nichts dafür, dass ich Stacheln habe. Und ich hab´ doch so aufgepasst."

Das liebe Geburtstagskind Rex schlägt ein neues Spiel vor: „Ich weiß, dass du nichts dafür kannst, Tollosaurus. Ist schon ok! Kommt, liebe Dinos, lasst uns einfach was anderes spielen!"
Jetzt laufen alle Kinder in den Garten, um Fangen zu spielen. Rex ist besonders schnell und fängt ein Dino-Kind nach dem anderen: „Jetzt seid ihr dran, fangt mich!", fordert der flinke Dino die anderen auf. Sie tun sich aber sehr schwer, ihn zu erwischen, deshalb lässt Rex sich irgendwann absichtlich fangen. Tollosaurus ist genau wie das Geburtstagskind ein super Läufer, obwohl er von schwerer Statur ist. Seine Schnelligkeit hat er seinem Training zu

verdanken, denn er liebt es, stundenlang über Felder zu rennen und geht immer zu Fuß zur Schule. Da fängt Tollosaurus ein anderes Kind und ruft: „Jetzt bist du dran, fang mich!" Der andere Dino strengt sich an, Tollosaurus zu erwischen. Er sprintet so schnell er kann auf Tollosaurus zu, um ihn abzuklatschen. Und kracht dann mit voller Wucht auf ihn drauf: „Autschi!", schreit der Dino. Leider hat er sich dabei an Tollosaurus´ Stacheln gepiekst. „Oh, das tut mir so leid", tröstet Tollosaurus das Dino-Kind. Und nach kurzer Zeit ist es schon wieder vergessen, aber Fangen spielen will jetzt keiner mehr mit Tollosaurus.

Nach einer Weile ruft Rex´ Mutter ins Haus: „Dino-Kinder! Kommt herein, jetzt ist es Zeit für die Geburtstagstorte!" Alle bekommen ganz große Augen und rennen ins Haus. Tollosaurus ist froh, dass das Fangen-Spiel vorbei ist. Die Dino-Kinder erwartet ein herrlich geschmückter Tisch mit sämtlichen Kuchensorten, die das Dino-Land zu bieten hat. Und die Geburtstagstorte reicht fast bis zur Decke, so hoch ist sie! Da läuft den Kindern das Wasser im Mund zusammen. Sie probieren von allen Kuchen, die die Mutter vorbereitet hat, trinken frisch gepresste Limonade und genießen den Geburtstagsschmaus offensichtlich. Erst, als ihre Dino-Bäuche fast platzen, hören sie auf zu naschen. Nur Tollosaurus hat seinen Teller nicht ganz aufgegessen, er wirkt etwas bedrückt. „Was hast du denn, Tollo?", fragt ihn Rex. Tollosaurus ist immer noch etwas traurig gestimmt, da er wegen seines stacheligen Rückens nicht mitspielen durfte. Aber der flinke Dino lässt sich nicht unterkriegen und denkt sich: „Wer weiß, vielleicht sind meine Stacheln ja doch noch für etwas gut!"
Etwas später macht sich Rex an seinen Geschenkeberg und alle Dino-Kinder sehen gespannt zu. „Ohhh, was da wohl drinnen ist!", ruft eines der Kinder Rex zu, als der ein riesengroßes Geschenk in

den Händen hält. Rex versucht es zu schütteln, doch es wiegt so viel, dass er es kaum halten kann. „Puhh, da ist aber etwas Schweres drinnen", staunt Rex.

Auch die Dinos verpacken ihre Geschenke wie die Menschenkinder, schließlich soll die Spannung steigen. Es wäre ja fast langweilig, wenn das Geburtstagskind sofort wüsste, was es bekommt. „Soo viele Überraschungen, ich freue mich, sie alle auszupacken", schwärmt Rex. Doch so schwierig es für Dinosaurier ist, Geschenke einzupacken, so schwierig ist es auch, sie wieder auszupacken. Schließlich haben sie keine Hände und Fingerchen wie die Menschen. Rex versucht sein Bestes, doch er kann die Schleifen, die sehr fest gebunden sind, nicht lösen und auch das viele Papier nicht von den Geschenken reißen. Da eilen ihm alle Dino-Kinder zur Hilfe und versuchen gemeinsam, Rex´ Geburtstagsgeschenke auszupacken.

Als sie es aber nicht schaffen und noch kein einziges Geschenk ausgepackt ist, bietet Tollosaurus seine Hilfe an: „Vielleicht soll ich es mal versuchen?" Rex drückt ihm das größte Geschenk in die Hand, das er kaum erwarten kann, endlich zu sehen. Tollosaurus benutzt die spitzen Stacheln auf seinem Schwanz und reißt so vorsichtig das Papier herunter. Im Nu ist das Geschenk ausgepackt! Alle Kinder jubeln und freuen sich. Sie klatschen und rufen: „Tollo, das hast du toll gemacht mit deinen tollen Stacheln!" Rex hat ein großes Funkeln in den Augen, denn in dem Riesengeschenk steckt das lila-blau gestreifte Dino-Fahrrad, das er sich schon soo lange gewünscht hat. „Danke, lieber Tollo!" Er umarmt und drückt ihn ganz fest. Dann setzt er sich sofort auf das glänzend neue Fahrrad und dreht eine Runde. Während dessen schauen die anderen Dino-Kinder weiter gespannt zu, wie Tollosaurus alle Geschenke öffnet, eines nach dem anderen.

Der tolle Tollosaurus hat es jetzt allen gezeigt, dass er genau richtig ist, so wie er ist und zwar samt seiner Stacheln, indem er sie genutzt hat für etwas, das sonst keiner kann. Seitdem akzeptieren ihn alle Dino-Kinder im Dorf und bitten ihn immer um Hilfe, wenn Geschenke ausgepackt werden sollen. Tollosaurus ist dank seiner Stacheln der Star auf jeder Geburtstagsfeier! Wenn es jetzt passiert, dass Luftballons auf Tollosaurus´ Rücken fallen und platzen, dann lachen alle Kinder darüber. Sie besorgen vor jeder Feier einfach doppelt so viel Luftballons wie sonst!

INTERAKTIVER TEIL

Findest du Tollosaurus samt seiner Stacheln auch ganz toll?

Gab es schon mal eine Situation, in der du ganz stark bleiben musstest?

3. DAS MEERSCHWEINCHEN MERLE, DAS NICHT SCHWIMMEN KANN

Merle ist ein ganz besonderes Meerschweinchen. Obwohl sie ein Landtier ist, hegt sie von klein auf den Wunsch, in die geheimnisvolle Unterwasserwelt einzutauchen. Leider hat sie große Angst vor tiefem Wasser und kann nicht schwimmen. Ob der liebe Hai Türkis ihr helfen kann?

LERNEFFEKT

Mut, Selbstvertrauen

DIE GESCHICHTE

„Brrrr… ist das nass und kalt!", ruft das kleine Meerschweinchen Merle. Sie zittert am ganzen Leib und ihr braunes, weiches Fell stellt sich kreuz und quer auf. „Oh, Schreck! Da geht´s aber tief hinunter", denkt sich Merle, während sie mit ängstlichem Blick auf den Meeresgrund starrt. Wieder einmal versucht Merle, ihre Angst vor dem Wasser zu überwinden. Und obwohl sie sonst ein sehr mutiges Meerschweinchen ist, ist diese Hürde bislang unüberwindbar für das kleine Landtier. Doch Merle hat einen großen Traum. Während sie auf den Grund des Ozeans blickt, schwindet ihre Angst mehr und mehr. Die Furcht wird überdeckt von der Vorstellung, wie schön es wäre, wenn sie in die See hinabtauchen, alle Meeresbewohner besuchen und die Geheimnisse des Meeres entdecken könnte. Viele bunte Farben, neonleuchtende Korallen, gestreifte Fische und liebe Delfine kommen ihr in den Sinn. Merle versinkt mehr und mehr in ihren Traum und ist in ihrer Fantasie längst abgetaucht.

Doch plötzlich wird Merle aus ihren Tagträumen gerissen. Ein dunkler Schatten, so schnell wie der Blitz, kommt aus den ungeheuren Tiefen des Meeres geschossen – direkt auf sie zu! Merle bleibt vor Schreck der Atem weg, da schießt auch schon der freundliche Hai Türkis aus der Wasseroberfläche heraus. „Hallooo", ruft er ihr frech zu, mit einem breiten Grinsen im Gesicht. Seine spitzen, weiß blinkenden Zähne stehen in perfekter Reihe, während er Merle angrinst. „Hallo, Hai, hast du mich aber erschreckt", begrüßt das Meerschweinchen den flinken Räuber. Er entschuldigt sich bei ihr: „Das wollte ich nicht, tut mir leid. Ich habe gerade im Algenschlamm gespielt und es war so lustig. Dann sah ich dein Gesicht und bin sofort hinaufgeschwommen."

Türkis freut sich, Merle wieder zu begegnen, die beiden sind nämlich beste Freunde. Er wartet sehnsüchtig darauf, dass Merle sich endlich ins Wasser traut, damit sie miteinander schwimmen und spielen können. „Ach, mein liebes Landschweinchen, komm doch zu mir in die Unterwasserwelt! Ich lade dich auch auf ein Wassereis ein!", verspricht der Hai dem Meerschweinchen. Merle würde zu gerne ein Unterwassereis probieren und mit ihrem Freund Türkis tauchen. Er streckt ihr seine kalte, nasse Flosse entgegen und Merle klammert sich an ihr fest. Nun zieht er sie vorsichtig ins Wasser. Merle streckt ihr kleines, linkes Füßchen vor und taucht es langsam ins Wasser. „Stooopp!", ruft sie und schreckt zurück. „Ich hab' so Angst, Türkis, das Wasser ist so nass." Türkis kichert: „Natürlich ist das Meer nass, aber du gewöhnst dich schon daran." Der Hai versucht Merle so zu beruhigen und zu ermutigen. Doch leider klappt es nicht und Merle rennt an Land zurück, wo sie sich sicher fühlt. „Vielleicht das nächste Mal, lieber Hai. Mach's gut!", verabschiedet sie sich von ihm. Türkis streckt ihr seine Flosse zu und winkt.

Seit Merle einmal als Baby-Meerschweinchen ins Wasser gefallen ist, hat sie panische Angst davor. Deshalb hat sie bis heute noch nicht schwimmen gelernt. „Ach, wie gern würde ich die Unterwasserwelt kennen lernen", seufzt sie und läuft nach Hause. Dort wartet ihre Mutter schon und ruft nach ihr: „Meerle, Meeerle! Na, da bist du ja endlich! Komm, ich habe dir eine warme Wanne eingelassen!" Das kleine Meerschweinchen holt sich ihr Lieblingsspielzeug aus dem Kinderzimmer – einen Gummi-Hai, ein paar Gummienten und kleine Fischchen zum Aufziehen, die im Wasser schwimmen. Voller Vorfreude rennt sie ins Bad und springt in die Wanne. Heute hat ihre Mutter diese extra schaumig gemacht. Merle massiert sich ihr Lieblingsshampoo ins Fell ein, eines mit Ozean-Duft, das ihr Fell ganz besonders geschmeidig macht. Dann fängt sie an zu spielen und vergisst dabei die Zeit. ...Nein, vor der Badewanne hat sie keine Angst, nur vor tiefem Wasser. Hier traut sie sich sogar abzutauchen. Sie zieht einen Fisch nach dem anderen auf und lässt sie alle schwimmen. Dann stellt sie sich vor, sie befände sich im weiten Meer und um sie herum würden sich viele kleine, bunte Fische tummeln. Sie planscht so laut und wild, dass ihre Mutter hereingesaust kommt und sie ermahnt: „Merle, pass doch ein bisschen auf! Du spritzt das ganze Badezimmer voll."

Während Merle sich in ihrer Wanne vergnügt, denkt der Hai Türkis eifrig nach: „Wie kann ich Merle nur helfen? Ich wünschte, sie würde schwimmen lernen und hätte keine Angst mehr." Der Hai grübelt so stark, dass er sogar ein kleines Fältchen auf seiner blauen Stirn bekommt. Er schwimmt hin und her und vergisst alles um sich herum. Während er überlegt, gerät er plötzlich in einen starken Unterwasserstrom. Noch bevor er sich daraus befreien kann, wird er von der Kraft des Ozeans davongespült.

„Hiiiiiilfe!", ruft Türkis. Doch keiner kann ihn hören. Der Strom zieht ihn immer weiter hinaus aufs offene Meer. Mit einer enormen Geschwindigkeit bewegt sich Türkis fort und weiß nicht, wie er sich befreien kann. Dann wird der Strom plötzlich langsamer und löst sich schließlich auf. „Glück gehabt!", denkt er sich und sieht sich etwas um. Er weiß gar nicht, wo er gelandet ist, so weit weg war er noch nie. Türkis streckt seinen Kopf über Wasser und hält Ausschau. „Da ist ja eine Insel!", staunt er. Schnurstracks schwimmt er auf sie zu, denn er hat sie noch nie zuvor gesehen und ist ein sehr neugieriger Meeresbewohner. Am Ufer der Insel kann er viele kleine und große Menschen erkennen. Sie spielen am Strand mit einem Ball, liegen auf dem Sand und ein paar von ihnen befinden sich im Meer. „Oh, da sind ja ganz kleine Menschen im Wasser", staunt er. Zum ersten Mal in seinem Hai-Leben sieht er Kinder. „Was haben die denn Komisches an?", fragt er sich. Was er da bemerkt, sind Schwimmflügel. Er beobachtet die Menschen eine Weile und versteht schließlich, dass sie kleinen

Kindern eine Hilfe zum Schwimmenlernen sind. „Super! Das ist genau das Richtige für Merle!", ruft Türkis aufgeregt. Plötzlich schreit ein Mensch laut auf: „Ahhhhhhhh, ein Hai, ein Hai!!!" Türkis erschrickt sich: „Was? Oh, mein Gott, wo?", ruft er beängstigt zurück. Die reinste Panik bricht aus und alle Menschen stürmen aus dem Wasser und rennen aufgeregt hin und her. Dann realisiert Türkis, dass die Menschen IHN meinen. Er dachte schon, es wurde ein gefährlicher Hai gesichtet und hat selbst Angst bekommen. Er ruft den Menschen zu: „Ihr braucht keine Angst vor mir zu haben, ich bin doch lieb!" Doch die Menschen verstehen ihn nicht und bangen weiter um ihr Leben. Während besorgte Eltern ihre kleinen Kinder schnell aus dem Wasser ziehen, verliert eines dabei seine Schwimmflügel. Türkis hat sie gerade erblickt und schnappt sie sich. Dann zieht er fort. „Das ist ja komisch, warum verstehen die Menschen mich nicht?", fragt er sich innerlich. Doch er freut sich, dass er zwei Schwimmhilfen für Merle finden konnte. Er hält sie beide in sein Maul geklemmt fest und schwimmt mit einem Eiltempo zurück nach Hause. Dank seines fabelhaften Orientierungssinns findet er die Bucht „Farbenfroh", in der er wohnt, sofort wieder.

Am nächsten Tag kann Türkis es kaum erwarten, dass ihn Merle besuchen kommt. Die Sonne steht hoch am Himmel und scheint bis auf den Meeresgrund. Der Himmel spiegelt sich auf der Meeresoberfläche, sodass die beiden unterschiedlichen Welten miteinander verschmelzen. Und das Wasser glitzert geheimnisvoll verlockend. Ob Merle sich heute ins Meer trauen wird?

Nicht nur an Land, sondern auch unter Wasser herrscht die beste Stimmung. Ein Weilchen später spaziert Merle gut gelaunt am Strand entlang und hält Ausschau nach Türkis. „Meeerle! Hier bin ich!", ruft der Hai. Er hat die Schwimmflügel dabei und wartet gespannt auf Merles Reaktion. Die beiden freuen sich sehr, sich

wiederzusehen und das Meerschweinchen fragt: „Was hast du denn da?" Türkis antwortet: „Das ist ein Geschenk für dich! Mit diesen beiden Schwimmhilfen kannst du schwimmen lernen und brauchst keine Angst mehr vor tiefem Wasser zu haben!" Merle zögert noch etwas und möchte sich das Ganze erstmal ansehen. Der Hai zieht sich selbst die Schwimmflügel an und demonstriert dem Landtier, dass sie einen sicher über Wasser halten.

Obwohl Merle noch Angst hat, fasst sie allen Mut zusammen, zieht sich die Schwimmflügel an und stellt ihre Füßchen langsam in das Wasser. Türkis spricht ihr gut zu: „Du hast es gleich geschafft! Weiter so, ich helfe dir." Das Meerschweinchen zittert am ganzen Leib, ist aber fest entschlossen, dass sie diesmal ihre Angst überwinden wird. Immerhin hat ihr bester Freund ihr eine ganz tolle Hilfe besorgt. Merle hält einen inneren Dialog mit sich: „Ich schaffe es…" Dann ist ihr kleiner Körper auch schon unter Wasser. Nur noch ihre Fußspitzen berühren den Grund. Sie sieht Türkis in die Augen und weiß, dass er sie beschützt. Die Schwimmflügel halten sie oben. Merle krault nun mit ihren Armen und Beinen so feste sie nur kann. Der Hai hält sie mit seiner Flosse fest und schwimmt neben ihr her. „Super, Merle! Sieh nur, du kannst schwimmen!", ruft er ihr ausgelassen zu. Daraufhin kommen auch andere Meeresbewohner hinzu wie die niedliche Schildkröte, ein Seepferdchen und viele kleine bunte Fische. Sie feuern Merle an und freuen sich alle so, das Meerschweinchen endlich kennenzulernen. In null Komma nichts hat Merle dank der Schwimmflügel und ihrer Freunde gelernt zu schwimmen.

„Jetzt bist du ein richtiges MEERschweinchen", verkündet die weise Schildkröte stolz.

Merle hat es geschafft! Sie hat sich selbst und ihren Freunden vertraut und sich einfach gegen die Angst entschieden. Heute gilt sie als das mutigste Meerschweinchen in der ganzen Unterwasserwelt und lernt sogar zu tauchen, damit sie auch die lieben Meeresbewohner besuchen kann, die auf dem Grunde der See wohnen. Jetzt ist kein fröhlich-buntes Korallenriff mehr vor ihr sicher!

INTERAKTIVER TEIL

Warst du schon mal im Wasser und findest du es auch so spannend wie Merle?

Wenn du noch nicht schwimmen gelernt hast, dann denke einfach an Merle und wie auch sie es geschafft hat!

Falls du schon schwimmen kannst, so lass uns eine kleine Erinnerungsübung machen: weißt du noch, wie es war? Ist es dir eher leicht oder schwergefallen?

4. MARIE

Die kleine, liebe Marie ist ein riesen Ballett-Fan. Sie liebt Ballerinas, die süßen Tutu-Kostüme und die schönen Melodien, zu denen beim Ballett getanzt wird. Am liebsten wäre Marie auch eine richtige Ballerina, doch sie kann leider überhaupt nicht tanzen.

Eines Tages trifft sie bei einem Waldspaziergang auf die zauberhafte Fee namens Fantasia. Keiner kann sie sehen oder hören, nur Marie. Fantasia ermutigt sie dazu, ihren Traum wahr zu

machen und Ballett zu lernen, denn sie könne alles schaffen, was sie sich vorstellt. Als Marie und ihre Eltern wieder zuhause sind, erzählt sie ihren Eltern voller Stolz, sie wolle nun Ballett lernen. Die Eltern sind zwar etwas überrascht über den plötzlichen Wunsch, doch sie bringen die kleine Marie schon am nächsten Tag in die Ballettschule für Kinder. Marie tut sich ziemlich schwer beim Unterricht und überlegt sogar, aufzuhören. Doch dann trifft sie wieder auf Fantasia, die sie davon überzeugt, dass sie das Zeug dazu hat, Ballett zu lernen, wenn sie nur dranbleibt. Ob Marie doch noch eine Ballerina wird?

LERNEFFEKT

Potenzialentfaltung, Ausdauer

DIE GESCHICHTE

Marie ist ein wissbegieriges, aufgewecktes und fröhliches Mädchen. Mit ihren Eltern, ihren zwei Geschwistern und ihrem Hund „Keks" lebt sie in einem kleinen Haus in der Nähe des Waldes. Marie fasziniert sich schon immer für die schöne und bunte Welt des Balletts, die rosa Tutus und die schönen Melodien. Während ihre größeren Brüder den ganzen Tag nur Fußball spielen, verbringt Marie viel Zeit in ihrem Zimmer und träumt von sich als Ballerina. In jeder freien Minute liest sie Bücher über Ballett und spielt mit ihren Ballerina-Figuren. Marie stellt sich oft vor den Spiegel und versucht zu tanzen, doch sie scheint zwei linke Füße zu haben.

Wenn Marie draußen spielt, ist stets ihr treuer Freund Keks dabei und beschützt sie. Um ihr Haus herum befinden sich unzählige, riesige und wunderschöne Blumenwiesen. Das Mädchen pflückt sehr oft Blumensträuße, um sie dann ihrer Mutter zu schenken. Eines Tages, als Marie mit Keks spazieren geht, hört sie es zwischen den Bäumen plötzlich rascheln. Marie schreckt auf: „Oh je, was kann das nur gewesen sein?" Sie fürchtet sich ein wenig, doch Keks beruhigt sie und stellt sich beschützend vor sie. Mit leiser und zittriger Stimme ruft sie: „Hallo? Ist da jemand?" Doch niemand scheint anwesend zu sein, denn sie erhält keine Antwort. Wieder hört Marie es am Rande des Waldes zwischen den Bäumen knarren und rascheln. Als sie gerade nach Hause laufen will, spricht plötzlich eine wunderschöne Stimme zu ihr: „Marie, bleib bitte hier." „Wer bist Du?", fragt Marie. Dann zeigt sich ihr eine kleine Fee, lächelnd und auf einem Baumstumpf sitzend. Das Wesen sieht wunderschön aus und hat lange, weiße Haare. Ihre Stimme ist so ruhig und angenehm, dass Marie sich vor sie auf den Boden setzt. Die Fee beginnt zu erzählen: „Ich bin die Fee Fantasia. Ich wohne hier in diesem großen und schönen Wald und beobachte dich schon eine ganze Zeit. Du bist oft hier."

Es beginnt eine spannende Unterhaltung und die beiden lernen sich kennen. Ganz fasziniert hört die kleine Marie der Fee Fantasia zu, als diese von ihrem Leben und ihrer Wohnung in einem hohlen Baum erzählt. Dabei merkt Marie gar nicht, wie die Zeit vergeht. Mittlerweise ist es schon spät geworden. Marie verabschiedet sich von ihrer neuen kleinen Freundin: „Ich muss nach Hause, sonst macht sich meine Mutter Sorgen! Bist du morgen auch hier?" Fantasia antwortet ihr: „Ja, liebe Marie, ich bin immer hier, wenn du mich brauchst." Marie lächelt ihr zu, dann dreht sie sich um und geht mit ihrem Hund nach Hause. Am heutigen Abend ist Marie nachdenklich und still. Als die Familie zu Abend isst, wundert diese sich darüber, denn Marie ist sonst immer sehr aufgeweckt und redselig. In der Nacht träumt Marie von ihrer neuen kleinen Freundin des Waldes.

Während des ganzen nächsten Schultages ist Marie in Gedanken bei Fantasia. Sie ist schon so aufgeregt und freut sich darauf, ihr wieder zu begegnen. Zuhause angekommen nimmt sie Keks an die Leine und läuft mit ihm zum Waldrand. Dort angekommen beginnt sie gleich zu rufen: „Fantasia! Wo bist du? Ich bin es, Marie!" Es raschelt und knistert und plötzlich erscheint ihr die Fee wieder lächelnd und auf dem Baumstumpf sitzend. Beide freuen sich so über ihr Wiedersehen, dass sie sofort zu erzählen beginnen. „Marie, ich habe in deinen Träumen gesehen, dass du gerne eine Ballerina wärst." Marie entgegnet ihr verlegen: „Ja, aber ich kann überhaupt nicht tanzen." Während sie diesen Satz ausspricht, beginnt sich ihr Blick zu senken und es kullern ein paar Tränchen aus ihren schönen braunen Augen. Die Fee öffnet ihre kleinen Flügel, springt hoch und fliegt auf Marie zu. Dann setzt sie sich auf ihre Schulter und streicht ihre Wange: „Weißt du, Marie, es ist nicht wichtig, was andere denken, sondern was du fühlst. Du darfst an deine Träume glauben und du kannst alles schaffen", ermutigt sie Fantasia. Noch eine ganze Weile reden die beiden miteinander und Marie schöpft ungemein viel Kraft aus der Unterhaltung mit der Fee.

Es ist nun Zeit nach Hause zu gehen und die beiden Freundinnen müssen sich verabschieden. „Tschüs, Fantasia, ich komme bald wieder", sagt Marie und steuert dann mit Keks heimwärts. Zuhause berichtet sie ihren Eltern gleich von ihrem Plan. Diese sind ganz überrascht davon, wie überzeugt Marie von ihrem Traum ist, eine Ballerina zu werden. Ihre Mutter verspricht ihr, dass sie zum Ballettunterricht gehen darf. Gleich am nächsten Tag, nachdem Marie von der Schule abgeholt wird, fahren sie ins Tanzstudio. Marie darf dort an einer Probe-Ballettstunde teilnehmen. Ihr macht die Stunde richtig viel Spaß, obwohl sie noch nicht alle Figuren tanzen kann. Ihre Eltern sind sich sicher, dass sie es mit der Zeit lernen wird und haben sie sofort angemeldet. „Super, Marie, du bist unsere kleine Ballerina", loben sie Mutter und Vater.

Marie muss nun viel und hart trainieren, um eine Ballerina zu werden. Noch sind die anderen Mädchen beim Ballett immer besser als sie. Aber sie lässt sich nicht einschüchtern, sondern freut sich vielmehr darüber, zuzusehen, wie schön die anderen tanzen. Ihre Ballettlehrerin Frau Silberhorn ist liebevoll, aber auch sehr streng. Sie verbessert jeden kleinen Fehler, den die Mädchen beim Tanzen machen. Nach den ersten Trainingsstunden ist Marie angeschlagen. „Ich mache so viele Fehler und kann noch keine einzige Figur tanzen", seufzt sie vor sich hin. Den ganzen restlichen Tag ist sie traurig und in sich gekehrt. Beim Einschlafen kreisen ihre Gedanken darüber, dass sie doch so viel trainiert und immer noch nicht so gut ist wie die anderen Mädchen.

Marie war nun schon ein paar Wochen nicht mehr bei Fantasia im Wald. Jeden Tag verbringt sie damit, in ihrem Zimmer vor dem Spiegel zu trainieren, um besser zu werden. Nach der heutigen Ballettstunde ist Marie so deprimiert, dass sie für sich beschließt, nicht mehr zum Ballettunterricht zu gehen. „Warum soll ich denn überhaupt noch in die Tanzschule gehen, wenn ich doch sowieso zwei linke Füße habe?", fragt Marie ihre Mutter. Diese versucht sie wieder aufzumuntern und ihr Mut zuzusprechen. „Mein liebes Kind, alles braucht seine Zeit. Die anderen Mädchen haben die Ballettfiguren auch nicht in ein paar Wochen geschafft." Doch Marie heitern die lieben Worte ihrer Mutter nicht auf. Sie verkriecht sich in ihr Bett und weint bitterlich in ihr Kissen. Da kommt auch schon Keks in ihr Zimmer gerannt. Er merkt es immer sofort, wenn es ihr schlecht geht. Keks tröstet das Mädchen und schleckt ihre Tränchen ab. Das kitzelt so sehr, dass Marie kurz lächeln muss. Dann bringt Maries Mutter ihr einen warmen Kakao aufs Zimmer und setzt sich zu ihr. Das kleine Mädchen hat sich ein

wenig beruhigt. Nachdem sie ihren Kakao ausgetrunken hat, geht sie nach draußen und spaziert nachdenklich über die Wiesen. Plötzlich ruft eine geheimnisvolle, leise Stimme: „Psssssssssst! Mariiiieee! Komm hier her!" Es handelt sich um die Stimme Fantasias, die probiert, Marie zu sich zu locken. Aufgeregt fliegt die kleine Fee hin und her und versucht so, Maries Aufmerksamkeit auf sich zu ziehen. Marie ist ganz überrascht: „Oh, liebe Fee? Ich habe dich gar nicht gesehen!" Fantasia ist besorgt um sie: „Marie, was ist geschehen, warum wirkst du so traurig?" Da erklärt ihr das Mädchen, was passiert ist: „Weißt du, ich habe wirklich versucht tanzen zu lernen, aber ich schaffe es einfach nicht. Die anderen Mädchen sind alle besser als ich." Da streicht ihr die Fee sanft über die Wange und versichert ihr: „Du wirst tanzen können, glaube mir. Du musst nur weiter üben, Marie. Kein Meister ist vom Himmel gefallen. Tanze einfach mit deinem Herzen, Marie. Nun mache dich auf den Weg ins Tanzstudio und entdecke deine wahre Leidenschaft für das Ballett!" Marie lächelt zögerlich: „Meinst du wirklich, ich kann tanzen lernen, ich bin doch gar nicht gut darin?" Fantasia faltet ihre zarten Hände und verspricht ihr: „Glaub mir, du wirst eine Ballerina, wenn du es nur wirklich willst." Daraufhin rennt Marie sofort nach Hause und lässt sich von ihrer Mutter zum Ballett fahren. Es scheint, als ob eben auf der Wiese etwas in Marie passiert ist. Fantasia hat einen Funken in ihr geweckt und Marie davon überzeugt, dass ein Talent in ihr schlummert, welches sie nur mehr entdecken muss. Ab diesem Zeitpunkt trainiert Marie mit noch mehr Freude und wird langsam immer besser.

Ein paar Monate später wirft die Tanzlehrerin Frau Silberhorn einen langen kritischen Blick auf Marie. Die Lehrerin traut ihren Augen kaum, als sie sieht, wie gut Marie schon tanzen kann. Sie lobt sie vor der ganzen Ballettklasse: „Sehr schön, Marie! So schnell hat noch kein Mädchen Ballett gelernt, mache weiter so!" Marie ist überglücklich und die anderen Mädchen feuern sie an. Sie ist zwar noch nicht so gut wie ihre Kameradinnen, aber die tanzen ja auch schon alle seit Jahren.

Es vergeht Monat für Monat und Marie macht immer mehr Fortschritte. Sie zweifelt nun überhaupt nicht mehr an ihrem Talent und sie weiß, dass jeder alles schaffen kann, wenn er es nur will und geduldig ist.

Im nächsten Balletttraining kommt Frau Silberhorn auf Marie zu und schlägt ihr vor: „Marie, wir haben nächsten Monat eine Aufführung, an der die ganze Ballettschule teilnimmt. Die Eltern aller Tanzschülerinnen und – schüler werden kommen und zusehen. Und ich möchte, dass du die Hauptrolle der „Prima-Ballerina" spielst. Möchtest du das denn auch?" Marie freut sich so sehr über das Angebot, dass sie hoch in die Luft springt, ihre Lehrerin ganz fest drückt und schreit: „Jaaa! Jaaa, das möchte ich!" Zu Hause angekommen erzählt sie sofort ihren Eltern davon. Diese sind mächtig stolz und können es kaum erwarten, sie tanzen zu sehen.

Als es dann so weit ist und die Aufführung der „Prima-Ballerina" stattfindet, beweist Marie allen ihr Können und ihre Freude beim Tanzen. Das gesamte Publikum applaudiert und lobt ganz laut und Marie ist so zufrieden mit sich wie nie zuvor.

INTERAKTIVER TEIL

Ging es dir schon mal ähnlich wie Marie?

Gibt es etwas, das du gerne lernen würdest?

Was sind eigentlich deine Lieblingshobbys?

5. LEON

Leon ist ein schlauer, lieber Junge, der unbedingt Astronaut werden möchte, wenn er groß ist. Er weiß schon ganz viel über das Universum, denn er hat gemeinsam mit seinen Eltern viele Bücher darüber gelesen. Leon liebt vor allem den Mond und fremde Planeten. Sein Zimmer hat er mit unzähligen Sternen dekoriert, die im Dunkeln leuchten.

Doch als er seine neuen Freunde zu sich nach Hause einlädt, sind die nicht sonderlich begeistert von seinem Zimmer. Die sind nämlich keine Weltraumfans, finden ferne Galaxien langweilig und wollen viel lieber mit Dinosauriern spielen. Doch Leon ist so ein großer Weltraum-Fan, dass ihm das gar nichts ausmacht. Er steht zu sich selbst und präsentiert seinen Freunden stolz seine

Spielzeug-Raketensammlung. Wie seine Freunde wohl darauf reagieren?

Selbstbewusstsein

DIE GESCHICHTE

Leon lebt mit seinen Eltern und seinem kleineren Bruder Felix in einem großzügigen Einfamilienhaus in einem kleinen Dorf. Schon seit er ein kleiner Junge ist, interessiert er sich für die faszinierende Welt des Weltraums. Gemeinsam mit seinen Eltern hat er viele Bücher darüber gelesen und sogar Filme geschaut. Vor allem sein Vater erklärt ihm voller Faszination das Weltall und wie es funktioniert, denn auch er liebt es, genau wie sein kleiner Sohnemann. Wann immer der Vater nach seiner Arbeit Zeit findet, zeigt er Leon Bilder ferner Sterne und Galaxien: „Sieh doch, Leon, nicht nur bei uns auf der Erde gibt es faszinierende Orte. Das gesamte Universum samt seiner Unendlichkeit ist wirklich spannend." Leons Augen beginnen zu strahlen und sein Wissensdurst ist kaum zu stillen. Zu jedem Geburtstag wünscht er sich wieder neue Astronautenbücher. „Wenn ich einmal groß bin, möchte ich unbedingt Astronaut werden und ins Weltall reisen", denkt er sich.

Als Leon heute von der Schule nach Hause kommt, fragt ihn seine Mutter beim Mittagessen: „Leon, wie war die Schule?" „Ganz gut, aber ich hätte viel lieber etwas über das Weltall gelernt", entgegnet Leon ihr. „Das verstehe ich. Heute besuchen uns deine beiden neuen Freunde Tom und Andreas, nicht wahr? Freust du dich?" Leon beginnt über das ganze Gesicht zu strahlen: „Oh, ja! Ich kann es kaum erwarten, ihnen mein cooles Weltraumzimmer zu zeigen". Die Mutter streicht ihm sanft durchs Haar: „Genau, mein Schatz, dann könnt ihr alle gemeinsam Astronauten spielen."

Um 16 Uhr klingelt es. Leons Mutter öffnet die Tür. „Kommt doch herein, Kinder, Leon freut sich schon sehr auf euch." Kaum hat Leon das Klingeln gehört, saust er auch schon die Treppe herunter, um seine Freunde zu empfangen. Die Kinder begrüßen sich stürmisch und rennen lauthals in Richtung Leons Zimmer. An seiner Türe hängt ein großes Weltraumplakat. „Kommt rein, ich will euch alles in meinem Zimmer zeigen", sagt Leon.

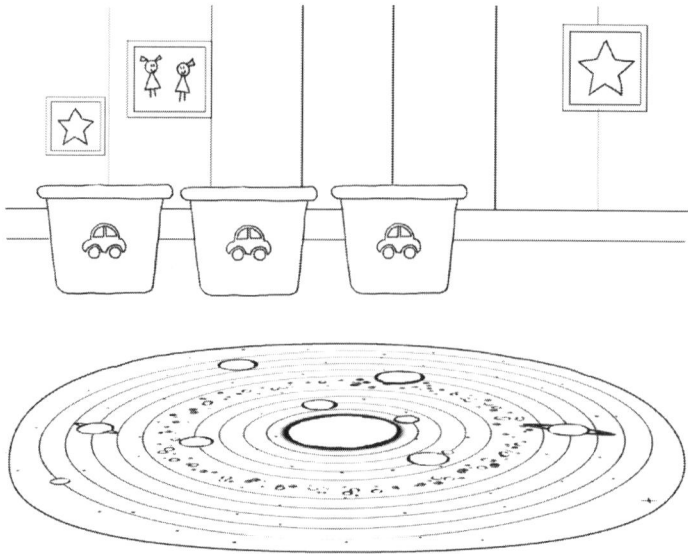

Die beiden Jungs betreten gemeinsam mit Leon das Zimmer. Neugierig schauen sie sich im ganzen Zimmer um. Auf dem Boden liegt ein großer Weltraumteppich. Alle Planeten, die Sonne und der Mond sind darauf zu finden. In seinem großen Bücherregal stehen ganz viele Bücher über den Weltraum aufgereiht und an der Decke hängen unzählige Sterne, die im Dunkeln zu leuchten beginnen. „Schaut mal, meine Lampe ist eine Rakete. Die haben mir meine Mutter und mein Vater an meinem letzten Geburtstag geschenkt. Ist die nicht schön?", fragt Leon seine Freunde. Tom und Andreas schauen sich verwundert an, worauf Tom ihm antwortet: „Hmm… das ist ja ganz nett, aber Dinos sind viel spannender." Er greift in die Tasche seines Kapuzenpullovers und zieht einen kleinen T-Rex heraus. „Seht mal, wie stark der ist und was der für spitze Zähne hat! Ich habe zu Hause ganz viele Dinosaurier-bücher, Dinokuscheltiere und sogar eine Dinobettwäsche. Darin kuschele ich mich jede Nacht ein und lasse mich von den großen Dinos beschützen. Kommt, lasst uns Dinos spielen, ich bin T-Rex!" Tom hebt die Arme über den Kopf und

brüllt laut: „Uuaarrggg, T-Rex kommt, Achtuuung!" Leon kichert und antwortet: „Du bist lustig, aber warte, ich will euch noch zeigen, wie beeindruckend die fernen Galaxien sind. Wer weiß, vielleicht können Dinos auch im Weltraum leben!?" Daraufhin entgegnet ihm Andreas: „Nein, Dinos sind ausgestorben. Sie haben früher die ganze Erde bewohnt und es gab viele verschiedene Arten." „Ja, das waren tolle Tiere", sagt Leon und ergänzt: „Ihr liebt Dinos und ich liebe den Weltraum. Vielleicht können wir beides spielen?!" Tom ruft aufgeregt: „Ok! Jeder von uns ist jetzt ein Dinosaurier. Leon ist ein Flugsaurier, Andreas ein Brachiosaurus und ich bin T-Rex!"

Die Jungs rennen lachend die Treppe herunter, stürmen ins Wohnzimmer und zeigen Leons Eltern, was für tolle Dino-Kinder sie sind. Die Mutter lacht entzückt: „Haha, ach du meine Güte! Die Dinosaurier sind wieder da. Ihr seht ja richtig toll aus!" „Dinos können auch Astronauten sein", ruft Leon. „Kommt, Brachiosaurus und T-Rex, wir erobern den Mars!" Die Kinder stürmen die Treppe wieder hinauf, rennen in Leons Zimmer und

treffen sich bei seiner Spielzeug-Raketensammlung. Dann setzen sich die drei Jungs auf den Teppich und Leon führt ihnen seine Sammlung genau vor. „Schaut mal, die große Rakete hier, die kann bis zum Mond fliegen!" Die beiden anderen Jungs hören ihm aufmerksam zu. „Wow, so weit?", fragt Tom. „Ja und je nachdem, wie groß die Raketen sind, können sogar mehrere Astronauten mitfliegen."

Dann sehen sie sich alle Planeten auf Leons Teppich genau an, bis Tom wieder seinen T-Rex herauskramt und ruft: „Der Weltraum ist ja doch ganz nett, aber lasst uns jetzt zur Abwechslung wieder Dinos spielen." Leon stimmt zu und schlägt vor: „Ok, und danach wieder Astronauten!"

Die Jungs machen sich einen richtig tollen Nachmittag. Andreas freut sich und teilt seinen Freunden mit: „Leon, du magst das Weltall und wir die Dinos, aber wir haben trotzdem ganz schön viel gemeinsam gelacht." „Ja, das stimmt", antwortet Leon.

Diese Welt hat viele verschiedene großartige Dinge zu bieten und jeder kann sich für das begeistern, was ihm am meisten Freude macht. Leon liebt den Mond, die Sonne und all die anderen tollen Planeten. Und Andreas und Tom lieben T-Rex, Brachiosaurus und all die anderen Dinosaurierarten. Jeder Mensch ist einzigartig, wodurch eine echte Vielfalt entsteht. Es ist ok, dass jeder seinen eigenen Geschmack hat. Man sollte immer zu seinen Vorlieben stehen. Die selbstbewussten Kinder verbiegen sich nicht, nur um sich anzupassen. Stattdessen stehen sie zu sich selbst und finden Kompromisse, sodass alle glücklich sind.

Leon philosophiert noch weiter: „Wisst ihr, ich mag Schokoladenpudding, aber mein kleiner Bruder isst nur Vanillepudding. Trotzdem habe ich ihn ganz doll lieb." Die Kinder lachen. Dann klingelt es plötzlich an der Tür. „Leon, Andreas, Tom!", ruft die Mutter, „kommt ihr bitte!" Die drei Jungs rasen die Treppe beinahe in Lichtgeschwindigkeit hinunter. An der Tür warten bereits Andreas´ und Toms Eltern, um sie abzuholen. „Hattet ihr einen schönen Nachmittag?", fragen Toms Eltern. „Ja, es hat richtig viel Spaß gemacht", erzählen die Kinder. Die Jungs verabschieden sich voneinander und freuen sich schon auf den nächsten gemeinsamen Spielenachmittag.

INTERAKTIVER TEIL

Hast du auch schon mal eine Situation erlebt, in der du besonders selbstbewusst sein musstest?

Gibt es vielleicht etwas, das nur dir gefällt und deinen Freunden nicht oder weniger?

Und findest du auch, dass jeder seinen eigenen Geschmack und seine eigenen Hobbys haben darf?

6. DIE KLEINE, GROSSE MAUS MANNI

Manni ist ein kleiner junger Mäuserich, der gemeinsam mit seiner Mäusefamilie in einem schönen Käsehaus lebt. Sein Vater ist stolzer Besitzer einer Käsefabrik, in der all seine 20 Mäusekinder mithelfen. Auch Manni, das 21. Mäusekind und der jüngste von allen, soll dort zu arbeiten beginnen, sobald er das erste Mäusejahr vollendet hat. Doch Manni hat ganz andere geheime Pläne mit seinem Mäuseleben! Käse findet er nämlich langweilig, er isst viel lieber Spinat. Vielleicht ist das der Grund, warum er für ein Mäusekind so stark ist. Doch über seinen Traum lachen alle Mäuse weit und breit... Der einzige, der ihn wirklich versteht, ist sein bester Freund, der Kater Schmusi. Ausgerechnet ein Kater!

Gemeinsam hecken Manni und Schmusi einen Plan aus, wie die kleine Maus etwas schier Unmögliches erreichen soll. Ob es ihnen gelingt?

LERNEFFEKT

Selbstbewusstsein, Potenzialentfaltung

DIE GESCHICHTE

„Ohhh, ich freue mich schon riesig auf meinen 1. Geburtstag! Was ich wohl alles geschenkt bekomme?", fragt sich der clevere Mäuserich Manni, während er von der Schule nach Hause spaziert. Er besucht die letzte Klasse des Mäuse-Gymnasiums und befindet sich gerade in der Prüfungsphase. Im Mäuse-Abitur belegen die Mäusekinder verschiedene Fächer zu allen Käsesorten der ganzen Welt. Manni interessiert sich zwar nicht sonderlich für Käse – im Gegensatz zu allen anderen seiner Art –, dennoch ist er ein hervorragender Schüler und hat in jedem Käsefach die Note 1. Seine Klassenkameradinnen und -kameraden finden es ziemlich witzig, dass Manni als Pausenbrot statt eines leckeren, saftigen Emmentalers lieber Spinat dabei hat.

Auf dem Heimweg begegnet Manni seinem allerbesten Freund, dem Kater Schmusi. Mittlerweile erschreckt sich keiner der anderen Mäuse mehr, doch zu Beginn, als Schmusi Manni manchmal von der Schule abholte, versetzte der reine Anblick des Katers die halbe Mäusestadt in Angst und Schrecken. Doch Manni hat die Mäuse schnell beruhigt und ihnen versichert, dass Schmusi lieb und sein allerbester Freund sei. Ein Grund mehr, warum Manni alle witzig finden: er isst keinen Käse und sein bester Kumpel ist ein Kater! Das ist ganz schön untypisch für eine Maus.

Die unterschiedlichen Freunde laufen gemeinsam die Mäusestraße entlang, bis sie schließlich vor Mannis Käsehaus ankommen. „Schnurrrrr, so, mein lieber kleiner Freund, ich verabschiede mich jetzt von dir. Treffen wir uns heute Nachmittag am Mäuse-Badeloch?", fragt ihn der Kater. „Ja, sehr gerne! Ich freue mich, bis dann, Schmusi!", willigt Manni ein. Dann geht das Mäusekind die Tür hindurch, wo ihn seine ganze Familie samt seiner 20 Geschwister erwarten. „Hallo, Manni!", rufen alle laut. „Setz dich zu uns an den Tisch, es gibt Mittagessen", rufen sie ihn auf. Manni begibt sich zu Tisch, allerdings wenig begeistert. Er lässt es sich nicht anmerken, doch er ist enttäuscht, weil es heute Mittag schon wieder Käseauflauf gibt. Da grinst seine Mäusemutter frech und überrascht ihn: „Lieber Manni, keine Sorge, für dich habe ich extra deine Leibspeise gekocht." Sie stellt

ihm einen großen Teller mit grünem Spinat hin. Der Duft des frisch gekochten Grüns steigt ihm in die Nase. „Mmhhh, lecker! Danke, liebe Mutter, mampf-mampf-mampf...", stürzt sich Manni sofort auf das Essen. Alle anderen lachen, wünschen sich einen guten Appetit und beginnen ebenfalls zu speisen. „Sohnemann, bald ist es so weit. In wenigen Tagen bist du mit der Schule fertig und wirst dann bei mir in der Fabrik anfangen", verkündet Mannis Vater ernst am Tisch. Manni bleibt fast der Spinat im Halse stecken: „Oh, Vater, ich weiß noch nicht, ob ich in deiner Käsefabrik arbeiten möchte", stottert das Mäusekind. Er hat noch nichts von seinen Plänen gebeichtet, denn er hat Angst, dass alle über seine geheimen Träume lachen. Dem Mäusevater stockt der Atem. Er verschluckt sich am Käseauflauf und sein Gesicht wird ganz rot. Voller Entsetzen eilt die Mutter zu ihm, klopft ihm kräftig auf den Rücken, bis er schließlich den Käseballen, an dem er sich verschluckt hat, ausspuckt. Der Käseballen schleudert durch die ganze Küche und knallt schließlich gegen die Wand. „Puhhhh", seufzt der Mäusevater, „da hätte ich mich doch fast verschluckt." Die Familie ist beruhigt, dass es dem Vater wieder gut geht. Dann beginnen all seine Mäusekinder zu lachen. „Vater, der Käse klebt an der Wand, hahahaha!" Alle lachen, bis auf Manni. Der schaut seinem Vater mit großen, traurigen Augen ins Gesicht. „Manni, was möchtest du denn dann machen? All meine Kinder arbeiten bei mir in der Käsefabrik... Dass du kein großer Käsefan bist, ist uns ja bewusst, aber dass du nicht bei mir mithelfen möchtest, also... da bin ich jetzt aber überrascht", gesteht der Mäusevater Manni. Seine Mutter versucht zu beschwichtigen: „Es ist alles gut, Manni. Du darfst dir selbst aussuchen, was du arbeiten möchtest. Lass dir Zeit und sobald du so weit bist, erzählst du uns von deinen Plänen. In Ordnung?" Manni ist sichtlich erleichtert und nickt. Dann essen die Mäuse fröhlich weiter.

Später gehen Mannis 20 Geschwister und sein Vater zurück auf die Arbeit, während Manni zum Badeloch fährt. Er steigt geschwind auf sein Mäusefahrrad und radelt los. Manni ist sehr, sehr stark und schnell. Vielleicht kommt das daher, dass er so viel Spinat isst. Am Badeloch angekommen trifft er gleich auf Schmusi. Die beiden begrüßen sich wild, toben miteinander und springen ins Wasser. Noch immer sind die Mäuse verwundert von diesem Kater, einem, der gerne mit Mäusen schmust und es liebt, zu baden. Doch Manni und Schmusi ist das egal, denn sie haben sich sehr lieb. Der Kater merkt seinem Freund an, dass ihn etwas bedrückt: „Was hast du?", fragt er den jungen Mäuserich. Der erzählt ihm von seinen Ängsten: „Ach, weißt du, Schmusi, mein Vater hätte gerne, dass ich bei ihm in der Käsefabrik arbeite. Genau wie meine 20 Geschwister. Doch ich will viel lieber etwas anderes machen. Käse finde ich langweilig." Schmusi bekräftigt ihn: „Das ist doch kein Problem, deine Eltern verstehen das bestimmt. Was möchtest du denn machen nach der Schule?" „Kein Problem?", kontert Manni unglaubwürdig. „Ich kenne keine einzige Maus weit und breit, die nicht in einer Käsefabrik arbeitet. Alle Mäuse haben beruflich etwas mit Käse zu tun. Was glaubst du, was die sagen werden, wenn ich verrate, was ich wirklich machen möchte?" Schmusi beruhigt ihn weiter: „Manni, mach dir nichts daraus, was andere sagen. Gehe deinen eigenen Weg! Und jetzt verrate mir doch, was du werden willst!" Dann rückt Manni endlich mit der Sprache heraus: „Ich möchte hinaus in die weite Welt und ein bekannter Sportler werden!" Schmusi ist ganz begeistert von Mannis Plänen: „Das ist ja wunderbar, Manni! Ganz bestimmt schaffst du das, denn du bist die schnellste und kräftigste Maus, die ich kenne!"

Schmusi schafft es immer wieder, Manni glücklich zu machen. All seine Sorgen vergessen, planscht er nun mit dem lieben Kater um die Wette. Die Zeit vergeht wie im Nu und der Abend bricht an. Die beiden müssen nach Hause.

Als Manni zu Hause ankommt, reißt er die Haustüre auf, ruft seine Familie zusammen und verkündet stolz: „Liebe Eltern, liebe Geschwister, ich werde um die Welt reisen und ein berühmter Mäusesportler werden! Jawohl, das sind meine Pläne." Alle 44 Mäuseaugen starren ihn ungläubig an. Dann brechen seine 20 Geschwister in lautes Gelächter aus: „Manni, du hast ja Ideen! Das geht nicht. Es gibt überhaupt keine Mäusesportler! Hahaha!", lachen sie ihn aus. Die Eltern schimpfen: „Seid ihr wohl sofort still!" und sprechen Manni gut zu: „Mache dir nichts daraus, deine Geschwister meinen es nicht böse. Wir akzeptieren deine Pläne und wünschen dir viel Glück, Manni." Mit hängenden Schultern und gesenktem Blick schlendert der kleine Mäuserich in sein Zimmer, um sich zu verkriechen. Keiner glaubt an ihn, bis auf Schmusi. Ist es wirklich so unmöglich, als Maus ein Sportler zu werden?

Eine Woche später kommt ein Zirkus in die Mäusestadt. Er kommt jedes Jahr und baut sein riesiges Zelt ganz in der Nähe der Käsefabrik Mannis Vater auf. Dort zeigen die verschiedensten Tiere, was sie alles können. Es gibt zum Beispiel einen Papagei, der 50 verschiedene Sprachen beherrscht, eine Nachtigall, die wunderbar singt und einen unglaublich starken Gorilla, der den Weltrekord im Gewichtheben hält.

Aus Neugier schaut Manni dort vorbei und stellt sich vor. Den Tieren fällt sofort auf, wie außergewöhnlich und kräftig Manni ist. Zum Spaß ruft der Papagei: „Haha, haha, das Mäusekind ist stärker als unser Gorilla!" Der sehr eitle Gorilla ist empört über diesen Witz und verteidigt sich: „Niemals, niemals! Was erzählst du da, das ist doch nicht lustig. Keiner ist stärker als ich und niemand wird es jemals sein!" Die schlaue Nachtigall schlägt vor, dass der Gorilla das erstmal beweisen soll. Und so kommt es, dass er Manni zu einem kleinen Wettkampf herausfordert. Der Gorilla stellt einen Tisch und zwei Bänke auf, schlägt Armdrücken vor, dann setzen sie sich. „Gegen dich kleine Maus gewinne ich leicht, schließlich bin ich der Stärkste weit und breit", spottet der Gorilla. Manni beißt seine Zähne zusammen. Seine kleine Mäusepfote legt sich in die große Hand des Gorillas. Sie drücken ihre Hände zusammen und der Papagei beginnt zu zählen: „Eins, zwei, drei... LOS!" Dann drücken sie. Die entzückte Nachtigall feuert Manni an: „Los, kleine Maus, du schaffst das!" Nach ein paar Sekunden des Kampfes hat

Manni den schweren Arm des Gorillas auch schon auf die Tischoberfläche gedrückt. „Buuum", knallt der Gorilla-Arm auf den Tisch. Damit hat keiner gerechnet! Es ist mucksmäuschenstill im ganzen Zirkus. Keiner bekommt auch nur einen Ton heraus, die Tiere befinden sich für einen Moment in Schockstarre. Auch Manni ist ganz verdutzt und denkt sich: „Ich wusste nicht, dass ich so stark bin." Dann brüllt die Nachtigall lauthals los: „Die Maus hat gewonnen, die Maus hat gewonnen!" Alle Tiere jubeln und klatschen und der Gorilla klopft Manni auf die Schulter: „Du hast meinen Respekt, Kleiner. Von nun an bist du der Stärkste weit und breit und ich trete zurück."

Einen kurzen Moment später laufen die Tiere durch die ganze Mäusestadt und verkünden das Geschehene. Als die Mäusebewohner es aber nicht glauben wollen, dass Manni einen Gorilla im Armdrücken besiegt hat, versammeln sie sich alle im

Zirkuszelt, wo es Manni erneut beweisen soll. Auch seine Familie ist anwesend und schaut gespannt zu. Ein paar Mäuse lachen ihn aus: „Niemals, eine Maus besiegt niemals einen Gorilla! Da kann Manni doch noch so viel Spinat essen." Als es dann soweit ist und die beiden erneut auf ihren Bänken Platz nehmen, wird es ganz still im Zelt. Alle schauen gespannt zu, der Papagei zählt an: „Eins, zwei, drei, LOS!" Und da drückt Manni erneut den Arm des Gorillas auf die Tischoberfläche, als wäre es das Einfachste und Selbstverständlichste der Welt. Die Tiere im Zelt trauen ihren Augen kaum, klatschen und rufen laut. Alle feuern den Mäuserich an und loben ihn.

So etwas Unglaubliches hat die Mäusestadt noch nie gesehen. Mannis Eltern und Geschwister sind unglaublich stolz auf ihn. Als der Zirkus weiterzieht, verabschiedet sich Manni von seiner Familie. Er wird dem Zirkus beitreten als stärkste Maus weit und breit und die ganze Welt bereisen. Sein treuer Freund Schmusi begleitet ihn auf seiner Reise. Nun haben sich Mannis Träume

endlich erfüllt und keiner lacht mehr über ihn. Er lebt glücklich und zufrieden.

INTERAKTIVER TEIL

Isst du auch so gern Spinat wie Manni?

Was sind eigentlich deine größten Träume?

Und weißt du schon, was du später einmal werden möchtest?

7. DAS REGENBOGEN-CHAMÄLEON

Das Regenbogen-Chamäleon Clara ist ein ganz besonderes Wesen. Sie schimmert in ganz vielen schönen Farben. Es existieren nur sehr wenige ihrer Gattung. Clara wohnt weit weg in einem kleinen Tropenwald. Dort leben noch viele andere Tiere, die allesamt ihre Freunde sind. Doch im Gegensatz zu ihren Freunden weiß Clara einfach nicht, was ihre Bestimmung und ihre Aufgaben sind. Als es plötzlich wie in Eimern zu regnen beginnt, passiert etwas Unglaubliches... Clara wird plötzlich klar, was ihre einzigartige Gabe ist und womit sie allen Geschöpfen dieser Erde eine Freude bereiten kann.

Selbstfindung

DIE GESCHICHTE

„Ach, wie herrlich! Die Sonne scheint und es ist wunderbar warm. Ich werde mich den ganzen lieben langen Tag ausruhen und Wärme tanken", singt das hübsche Chamäleon-Mädchen vor sich hin. Sie sucht sich einen tollen Stein aus, auf dem sie sich für den Rest des Tages niederlässt. Die Sonne scheint kräftig auf das Reptil und lässt es in vielen bunten Farben glänzen. Clara schließt die Augen und konzentriert sich ganz auf die Hitze. „Ach, herrlich, ist das heiß!", ruft sie.

Dann spazieren ein paar Bewohner des Tropenwaldes an ihr vorbei und kichern. „Hihi… Hallo, Clara! Na, tankst du wieder Sonne?", fragt sie ein frecher Biber namens Baumi. Die bewegliche Schlangendame Zett ist auch dabei und ruft ihr zu: „Claaara! Was machst du denn da auf dem Stein? Komm doch mit, wir treffen uns gleich alle in der Mitte des Waldes und zeigen uns, was wir alles können!" Clara antwortet: „Ach, nein, danke. Ich bleibe lieber hier. Trefft ihr euch nur ohne mich."

Das Chamäleon scheut sich vor der regelmäßigen Versammlung aller Tiere des Waldes. Denn sie fühlt sich dort irgendwie fehl am Platze. Clara ist das einzige Wesen, das keine Aufgabe zugeordnet bekommen hat. Alle Tiere sind für irgendetwas nützlich, nur sie nicht. Der Biber Baumi ist für das Holzfällen zuständig und hilft beim Hausbau. Die Schlangendame Zett ist sehr gelenkig und biegsam und kommt an für andere Tiere schwer zugängliche Plätze. Sie hat schon so manche verloren gegangenen Dinge aus engen Höhlen gefischt. Doch Clara hat keine Bestimmung. Sie hat das Gefühl, sie sei für nichts gut.

Obwohl die anderen Tiere sie trösten und ihr lieb zusprechen, ist Clara verzweifelt. „Ach, wenn ich doch nur auch eine Aufgabe hätte", seufzt sie. Während der Tierversammlung steht die Sonne hoch am Himmel. Es wird immer heißer und Clara tankt ordentlich Kraft. Auch der Stein, auf dem sie sich befindet, ist schon ganz warm geworden. Während sich die Tiere besprechen und sich

neue Aufgaben zuteilen, träumt Clara davon, wie schön es wäre, wenn auch sie eine nützliche Gabe hätte. Das Chamäleon-Mädchen ist wunderschön und leuchtet in allen Farben des Regenbogens. Immer wenn sie Wärme tankt, strahlen ihre Farben besonders kräftig. Ein paar der Tiere machen ihr Komplimente: „Du leuchtest so wunderbar! Wir freuen uns, wenn du auf der nächsten Versammlung wieder dabei bist!" Clara zwinkert ihnen zu und lächelt. Doch sie schämt sich dafür, dass sie ihre Bestimmung nicht kennt. Es wäre alles perfekt, wenn sie nur wüsste, für was sie gut ist. Plötzlich zieht ein Unwetter auf. Alle Tiere bekommen fürchterliche Angst und verstecken sich. Schwere Gewitterwolken türmen sich am Himmel auf und bilden einen mächtigen, dunklen Mantel. Dieser überschüttet den Wald mit Regen. Im Tropenwald gießt es immer so stark, dass nach einem Schauer alles unter Wasser steht. Es dauert ein paar Minuten, bis der Boden den Regen komplett aufgesaugt hat.

Da donnert und blitzt es so laut, dass alle Tiere erschrecken, nur Clara nicht. Sie liebt den Regen genauso wie die Sonne. Als dieser nun nachlässt und die Wolken noch die letzten Tropfen ausquetschen, drängen sich ein paar Sonnenstrahlen durch die Wolken. Und der Wind pustet die Wolkenungeheuer immer weiter weg. Dann passiert es plötzlich! Die Sonnenstrahlen treffen auf Clara und ihre Reptilienhaut spiegelt sie zurück in den Himmel. Clara reflektiert das Licht und ein wunderbarer, riesiger Regenbogen entsteht.

Alle Tiere bekommen ganz große Augen und werden von diesem Anblick ins pure Staunen versetzt. Noch nie haben sie einen Regenbogen gesehen. An dem Regenbogen ist etwas ganz besonders: er scheint nicht in den üblichen Farben, so wie wir es

kennen, sondern in allen Farben, die es gibt! Denn Clara reflektiert die gesamte Farbpalette, die die Welt zu bieten hat.

Die Tiere kommen fröhlich aus ihren Verstecken hervor, rennen zum Chamäleon-Mädchen und jubeln ihr zu: „Clara! Clara! Wie wunderschön das ist! Jetzt haben wir deine Aufgabe gefunden, du machst die schönsten Regenbögen der Welt, um uns alle hier im Tropenwald glücklich zu machen." Clara kullert in diesem Moment eine Freudenträne herunter. Mit dieser Träne spült sie all ihren Kummer aus, der nun endgültig der Vergangenheit angehört. Endlich hat sie ihre wahre Bestimmung gefunden. Das hat sie ganz dem Unwetter zu verdanken.

INTERAKTIVER TEIL

Findest du das Regenbogen-Chamäleon Clara auch so schön?

Wenn du dich selbst mit 3 Worten beschreiben müsstest, welche wären das?

Und gibt es etwas, das du besonders gern machst und von dem du denkst, es sei deine Lebensaufgabe?

8. Die Nacht-Eule Lulu, die vom Tage träumt

Lulu ist eine kleine schlaue Nachteule, die den Tag mehr liebt als die Nacht. Ihre Familie ist darüber nicht sehr begeistert, schließlich sind Eulen nachtaktiv. Doch Lulu schläft lieber nachts, um tagsüber fit zu sein und die Welt erkunden zu können. Gemeinsam mit ihren besten Freunden, dem blonden Mädchen Sarah und dem braunhaarigen Noah, spielt sie den lieben langen Tag. Die Menschenkinder zeigen und erklären der aufgeweckten Eule alles über die Sonne, den blauen Himmel und das grüne Gras. Lulu genießt das Sonnenlicht, den Vogelgesang und das strahlende Blau des Himmels in vollen Zügen. Sarah und Noah, für die die Schönheit des Tages fast selbstverständlich ist, können viel von ihr lernen. Sie staunen darüber, wie achtsam die kleine

Nachteule ihre Umwelt erkundet und sehen die Welt wie nie zuvor!

Achtsamkeit

DIE GESCHICHTE

Lulu ist keine gewöhnliche Eule. Sie liebt den Tag! Was weißt du über Eulen? Sie fliegen, sie sind nachtaktiv und man hört ihr „Huhu" manchmal im Wald. Außerdem sind Eulen schlau und haben sehr gute Augen. Die brauchen sie auch in der Dunkelheit der Nacht…

Doch Lulu ist anders. Lulu ist zwar eine Nachteule, doch sie mag die Nacht nicht besonders. Lulus Familie ist davon nicht sonderlich begeistert. „Lulu, du bist eine Nachteule! Du musst doch auch in der Nacht wach sein, so wie wir es tun." Schon oft hat Lulus Familie sie davon überzeugen wollen, dass sie tagsüber schlafen soll. Lulus Antwort ist aber immer gleich: „Ich möchte nicht den Tag verschlafen! Ich bin nicht so wie ihr!" Lulu wird von ihrer Familie geliebt. Sie sind zwar nicht begeistert darüber, dass Lulu sich für eine Nachteule so ungewöhnlich verhält. Doch sie akzeptieren sie genauso, wie sie ist.

Eines Tages trifft Lulu auf Sarah und Noah. „Sieh mal, Noah! Da sitzt eine Eule", sagt die blonde Sarah zu ihrem Freund Noah, der sich sofort umdreht. „Quatsch, das kann nicht sein!", sagt der braunhaarige Junge. „Eulen sind nachtaktiv, das weiß doch jedes Kind!" „Was heißt das?", fragt Sarah. „Na, dass sie nur bei Nacht fliegen!" Noah klärt Sarah auf, doch dort auf dem Baum sitzt tatsächlich eine Eule. „Du hast recht, Sarah. Das ist wirklich eine Eule!" „Sag ich doch!", meint Sarah. „Was macht sie denn hier?" „Ich weiß es nicht!", schüttelt Noah mit dem Kopf. Der neugierige Junge nähert sich der Eule langsam an. „Was machst du da?", Sarah hat Angst. „Ich möchte mir die Eule genauer anschauen. Ich habe eine Eule noch nie am Tag gesehen!" Mit ganz großen, neugierigen Augen kommt Noah dem Tier immer näher und näher. „Sei vorsichtig!", ruft Sarah ihm hinterher. „Das ist eine ziemlich kleine Eule. Die sieht aber süß aus! Sie bewegt sich ja gar nicht!" Noah mustert die Eule von oben bis unten.

„Hey, hast du etwa noch nie eine Eule gesehen?", ruft Lulu ihm plötzlich frech zu. Die Kinder erschrecken sich. Nicht nur haben sie noch nie etwas von einer Eule, die am Tag aktiv ist, gehört. Sie haben eine Eule auch noch nie zu Menschen sprechen hören! „Du kannst sprechen? Du kannst uns verstehen?" Noah kriegt seinen Mund gar nicht mehr zu vor Staunen. „Und du sitzt am helllichten Tag auf einem Baum? Du bist doch nachtaktiv!" Auch Sarah kann ihre Begeisterung nicht verbergen. „Ja, genau! Wie kommt das denn?" Lulu grinst und schüttelt mit dem Kopf: „Ihr seid ja wie meine Eltern. Die wundern sich auch, weil ich am Tag unterwegs bin."

„Es ist ja auch ungewöhnlich. Warum bist du denn anders als die anderen Eulen?", fragt der aufgeweckte Noah nach. „Das ist ganz einfach. Tagsüber finde ich die Welt viel aufregender! Es gibt so viel zu sehen! Es ist alles bunt. Ich sehe dein braunes Haar. Ich sehe ihr blondes Haar. Aber nachts? Nachts ist alles grau. Also schlafe ich nachts, wie es die Menschen tun. Ihr habt es so gut, dass ihr tagsüber wach sein dürft!"

„Darüber habe ich noch nie nachgedacht!", staunt Sarah, die sich der Eule nun auch nähert. „Ich bin übrigens Sarah. Das ist Noah. Wie heißt du?" „Ich bin Lulu", meint die ungewöhnliche Eule, die mit einem Satz vom Ast abhebt und direkt vor Sarah und Noah landet. „Das da zum Beispiel. Wie nennt ihr Menschen das? Diesen gelben, großen Ball?" Noah schaut verdutzt: „Du meinst die Sonne? Die Erde kreist um sie und so entstehen die Jahreszeiten." „Wow", seufzt die Eule. „Ich kenne nichts Schöneres, als meine Flügel in der Sonne zu spüren. Mich einfach von der Sonne anstrahlen zu lassen und den Moment zu genießen. In der Nacht geht das einfach nicht! Mögt ihr das auch gern?" Noah und Sarah

sehen sich verdutzt an. „Wir denken eigentlich gar nicht daran, dass die Sonne scheint. Das ist für uns selbstverständlich." Lulu, Noah und Sarah wenden sich nun der Sonne zu und genießen den Moment, genau wie die kleine Nachteule.

Lulu staunt weiter: „Und dieses Blau! Sobald der Tag beginnt, schaue ich einfach nur nach oben und genieße den Anblick. Da ist nichts Graues zu sehen!" „Du meinst Wolken?", fragen die Kinder. Nun schaut auch Sarah zum Himmel und stellt fest: „Ja, das stimmt. Der Himmel ist heute wolkenlos und strahlend blau." Da fragt die Eule: „Ihr müsst bestimmt sehr oft zum Himmel hinaufschauen, oder? Er ist so schön blau!" Sarah und Noah schauen sich erneut etwas fragend an, ehe sie das wundervolle tiefe Blau des Himmels weiter begutachten. Die Eule ist ein sehr schlaues und achtsames Wesen und begeistert sich für den Tag: „Es gibt einfach kein Ende! Könnt ihr ein Ende sehen? Überall nur ist das Blau zu sehen, klar, rein. Wohin ich auch fliegen möchte, der Himmel ist immer da und gibt mir den Freiraum." Nun staunen auch die Kinder: „Stimmt, so haben wir noch nie über den Himmel nachgedacht! Er ist unendlich weit, wie wundervoll…"

Noah und Sarah denken noch über den Himmel nach, als Lulu an einem Blatt schnuppert, das direkt neben ihr liegt. „Wie nennt ihr Menschen das?", fragt sie neugierig. „Das ist ein Blatt! Ein Blatt von dem Baum, der dort steht." „Dieses Blatt – habt ihr einmal daran gerochen? Es riecht wie die pure Natur. Es fühlt sich so angenehm an und hat so wundervolle, feine Strukturen." „Stimmt, du hast recht!", sagt Sarah, die sich ebenfalls ein Blatt genommen hat. „Wir sehen diese Blätter so oft, doch wir haben es noch nie so genau betrachtet!"

Noah schaut etwas traurig zu Boden. „Was ist?", fragt Lulu besorgt. Der kleine Junge antwortet: „Ich finde, Mensch zu sein ist gar nicht immer so toll. Ich habe mir schon oft gewünscht, ein Vogel zu sein!" „Ein Vogel? Warum denn das?", erwidert Lulu überrascht. Noah antwortet ihr: „Ich würde auch so gern fliegen können!" Sarah ergänzt: „Außerdem haben Menschen gar nicht die Zeit, um auf solche Details zu achten! Mutter und Vater kommen von der Arbeit nach Hause und sind dann meist schon müde. Sie machen irgendwie jeden Tag dasselbe! Dass die Sonne gelb, dass das Gras grün und der Himmel blau sind, ist für uns irgendwie nichts Besonderes. Stimmt's, Noah?" „Ja, stimmt genau!" Noah nickt.

„Aaarbeit?" Lulu fährt sich mit dem Flügel verwirrt über das Gesicht. „So seid ihr Menschen also? Ihr habt von morgens bis abends Zeit, ehe die Sonne untergeht. Ihr müsst doch nicht die ganze Zeit nur arbeiten? Und warum regt ihr euch denn über die Arbeit auf? Könnt ihr euch die nicht aussuchen?" Noah und Sarah

wissen nicht, was sie darauf antworten sollen. „Ich bin eine Nachteule. Aber ich liebe es, den Tag zu genießen. Ich mag es, die Farben zu sehen. Für euch ist es vielleicht normal, aber für mich ist es ganz besonders! Stellt euch doch nur mal vor, ihr wärt eine Nachteule und würdet das alles zum ersten Mal sehen!"

In diesem Moment erinnert sich Noah an die Hausaufgaben. „Der Aufsatz, Sarah!" „Ich weiß, Noah. Aber ich habe jetzt eine gute Idee, worüber wir schreiben können!" Noah und Sarah gucken Lulu begeistert an. Die Eule fragt: „Was ist? Habe ich etwas auf dem Flügel?" Lulu dreht ihren Kopf einmal um sich selbst, doch sehen kann sie nichts. „Nein, du tagaktive Nachteule! Wir schreiben einen Aufsatz über dich!", meint Noah euphorisch.

„Über mich?" Lulu wird rot und kichert verlegen: „Was wollt ihr über mich schreiben?" „Na das, was du uns eben alles gesagt hast! Dann wirst du weltberühmt!", meint Noah. „Dass du eigentlich eine Nachteule bist, aber lieber am Tag aktiv bist. Und dass du so achtsam bist und so vieles um dich herum wahrnimmst." „Du, Noah?" Sarah wirkt nachdenklich. „Was ist?", hakt Noah nach. „Ich glaube, unsere Eltern sind auch Nachteulen. Die sitzen immer noch so lang am Schreibtisch. Oder sie schauen am Wochenende ganz spät noch Fernsehen." „Stimmt! Das können wir auch in den Aufsatz schreiben!", schmunzelt Noah.

„Und das nächste Mal spielen wir ein Spiel! Ich sehe was, was du nicht siehst!", schlägt Noah allen vor. Sarah wendet ein: „Da wird Lulu doch eh gewinnen, du Witzbold!" Lulus Interesse ist geweckt, sie fragt: „Was ist das für ein Spiel?" Die Kinder freuen sich schon und versprechen ihr: „Das erklären wir dir morgen. Wir müssen jetzt nach Hause und den Aufsatz schreiben. Bis dann, Lulu!" Die

Eule winkt zurück: „Bis dann, meine lieben Kinder!" Die beiden rennen los.

Zu Hause angekommen schreiben Sarah und Noah ihren Aufsatz über die Nachteule Lulu, die den Tag genießt, auch wenn ihre Artgenossen ganz anders sind als sie. Sie nennen den Aufsatz: „Die unglaubliche Achtsamkeit der Nachteule Lulu". Die Kinder sind begeistert darüber, was der Eule auffällt und auf welche faszinierenden Kleinigkeiten sie achtet.

Am nächsten Tag in der Schule liest die Lehrerin den Aufsatz laut vor. Alle Kinder hören gespannt zu. Kaum hat die Lehrerin den letzten Satz vorgelesen, klatschen alle Kinder. „Von dieser Eule kann ich noch etwas lernen!", meint die Lehrerin, während sie Sarah und Noah die Note Eins unter den Aufsatz schreibt.

Später am Nachmittag treffen sich Sarah, Noah und Lulu wieder. Die aufmerksame Lulu ist ganz stolz, als sie erfährt, dass die Kinder in der Schule applaudiert haben.

Die drei neuen Freunde spielen den ganzen Nachmittag miteinander und erleben viele aufregende Dinge.

INTERAKTIVER TEIL

Bist du auch so vom blauen Himmel und der Sonne fasziniert wie Lulu?

Was hörst du alles, wenn du im Wald oder auf der Wiese spazieren gehst?

Wenn du das nächste Mal draußen in der Natur bist, dann nimm dir zehn Minuten Zeit, in denen du ganz leise bist: Berühre Baumrinden. Berühre Blätter und Äste, und spüre, wie unterschiedlich sie sich anfühlen. Berühre Steine. Schließe die Augen und spitze deine Ohren, was hörst du alles? Vielleicht ein Zirpen? Vogelgezwitscher? Oder fließendes Wasser?

9. DAS ALLEINHORN LONELY & SEIN GRÖßTER SCHATZ

Das einsame Alleinhorn Lonely hat nicht viele Freunde. Es lebt zurückgezogen und ganz allein im Zauberwald in einem Schloss aus funkelnden Diamanten. Als sich der pinke Pegasus namens Fly in den Wald verirrt und plötzlich die Erde bebt, hilft Lonely dem Armen sofort aus der Not. Leider wird kurz darauf Lonelys prunkvolles Märchenschloss von dem Erdbeben beschädigt. So manche Kostbarkeit verschluckt der Erdboden, zum Beispiel Lonelys Diamantensammlung und goldene Puppen. Doch das Alleinhorn ist kein bisschen traurig darüber, denn es gewinnt einen neuen besten Freund. Gemeinsam räumen sie das Schloss auf und lernen sich dabei richtig gut kennen. Sie freuen sich so sehr darüber, sich gefunden zu haben. Dank dieser Lektion begreifen sie, dass Freundschaft das Wichtigste ist. Nämlich viel wichtiger als Diamanten und Schlösser.
Seitdem ist das mutige Alleinhorn nie mehr einsam!

Glück, Freundschaft, Bescheidenheit

DIE GESCHICHTE

Das Alleinhorn Lonely wohnt in einem Zauberwald. Dieser Wald ist wunderschön und verzaubert und erstrahlt in ganzer Pracht. Die Blätter und Äste seiner Bäume ändern ständig ihre Farben. Denkt man in einem Moment, alles sei grün und natürlich, so nehmen die Blätter in der nächsten Sekunde eine ganz andere Farbe an, zum Beispiel pink oder blau. Hat man das Gefühl, den Weg durch den Wald zu kennen, so ändert er sich einfach. Die Wurzeln schlagen anders, die Bäume wiegen sich in unterschiedliche Richtungen. Doch dieser Zauberwald hat noch viel mehr zauberhafte Wesen zu bieten als seine Pflanzen und Bäume. Lonely genießt ihre einsamen Spaziergänge im magischen Wald. Sie wohnt in einem glitzernden Schloss, das man schon von weitem erkennt. Das liegt an den funkelnden Diamanten, die sehr hell strahlen. Sie blenden einen förmlich, denn sie sind pur und völlig klar.

Lonely verbringt den heutigen Tag in ihrem Schloss. Sie steht auf der Veranda und blickt sehnsüchtig in den Zauberwald hinaus. Wenn ihr langweilig ist, macht sie das immer, denn der Anblick fasziniert sie jedes Mal wieder von Neuem. Dann wirft sie einen Blick auf ihr Schloss und betrachtet die schillernden, wertvollen Diamanten. Die Eindrücke sind sehr abwechslungsreich. Lonely ist stolz auf das, was sie hat. Sie mag das Funkelnde und Schillernde, auch wenn sie sich manchmal fragt, was sie eigentlich so ganz allein in ihrem glitzernden Schloss machen soll. Und während Lonely in Gedanken versunken ist, ändert sich die Situation plötzlich…

Die Erde beginnt zu wackeln. „Waaas ist denn nuuun looos?", wundert sich Lonely, das einsame Einhorn. Es kommt ihr so vor, als gäbe es ein Erdbeben. Die Erde wackelt und der Zauberwald macht, was er will. Mal bewegen sich die Bäume in die eine, dann

in die andere Richtung. Lonely weiß gar nicht, wo sie zuerst hinsehen soll.

Das Einhorn ahnt zu diesem Zeitpunkt noch nicht, dass sie nicht allein im Zauberwald ist. In ihren Wald hat sich nämlich Fly verirrt. Fly, ein fliegender Pegasus, war eben noch auf dem Weg nach Hause, als das Erdbeben begann. Dann verlief er sich. Er wurde von der Kraft der Natur einfach mitgerissen. Da steht Fly nun, der noch nie in diesem Zauberwald war und keine Ahnung hat, wo er ist oder wie er wieder aus dem Wald hinauskommt. „Oh je, was mache ich denn jetzt?", fragt sich der Pegasus, während er durch den Zauberwald gerüttelt wird. Es kommt ihm so vor, als befinde er sich in einem Labyrinth.

„Hilfe!", ruft Fly laut, um auf sich aufmerksam zu machen. Er hat Angst, denn schließlich ist der Wald so groß und unübersichtlich. „Hilfe!", schreit er. Der Zauberwald lässt Flys Rufe umso lauter ertönen. Das Echo des Pegasus schallt durch den gesamten Wald. Und so wird Lonely auf die Hilferufe aufmerksam. „Nanu, wer ist denn da?" Lonely zögert keine Minute. Sie eilt sofort los, um Hilfe zu leisten.

Es dauert nicht lang, bis sie Fly findet. „Hallo? Wer bist du? Ich bin Lonely. Du hast nach Hilfe gerufen?" „Oh, Hallo, Lonely. Gut, dass du da bist! Du bist meine Rettung. Ich bin Fly. Ich war gerade auf dem Weg nach Hause, da erfasste mich dieses Erdbeben und hat mich total aus der Spur gebracht!" „Oh je, ich verstehe!", antwortet Lonely. „Und dann hast du dich verirrt. Du warst hier wahrscheinlich noch nie, oder?" „Nein", erwidert Fly. „Dieser Wald ist mir völlig unbekannt! Die Blätter ändern ständig ihre

Farbe und die Wege führen ins Nichts. Ich glaube, ich bewege mich schon die ganze Zeit im Kreis!"

Lonely lacht. „Jaaa, der Zauberwald ist schon sehr speziell. Er möchte Gesellschaft. Er beschützt diejenigen, die sich in ihm aufhalten. Er beschützt sie auch vor Erdbeben. Aber der magische Wald mag es nicht so gern, wenn man ihn verlässt. Zum Glück hast du mich getroffen! Dieser Wald ist mein Zuhause und ich kenne ihn so gut wie meine Westentasche. Möchtest du zu mir in mein Schloss kommen, Fly? Dort können wir uns aufwärmen und warten, bis das Erdbeben vorbei ist. Dann helfe ich dir, nach Hause zu kommen!"

„Das ist sehr nett von dir, Lonely. Ich weiß gar nicht, was ich sagen soll. Ohne dich wäre ich verloren! Aber ich möchte dir keine Umstände machen. Mmhh... ich muss zugeben, dass dein Schloss schon sehr spannend klingt. Wohnst du allein dort?" „Ja, ganz allein. Du machst mir überhaupt keine Umstände. Ich freue mich, wenn du kommst. Folge mir!" Lonely galoppiert los und Fly muss

zusehen, dass er überhaupt hinterherkommt. „Es ist ein großes Schloss. Ich liebe es. Es glitzert und besteht aus unzähligen Diamanten. Meine goldenen Puppen mag ich besonders. Ich kann dir alles zeigen, wenn du möchtest."

„Wow, goldene Puppen? Diamanten? Das klingt aufregend!" Fly ist schon gespannt und neugierig, ehe beide am nahegelegenen Schloss ankommen. „Man sieht die Diamanten schon von weitem. Siehst du sie?" „Ja, wow!" Fly weiß nicht, was er sagen soll. Das Erdbeben tobt immer noch und beide müssen auf die Bäume achten, die sich ständig zur Seite neigen. Fly ist jedoch abgelenkt, denn die Diamanten ziehen ihn völlig in seinen Bann.

Die frisch gebackenen Freunde erreichen Lonelys Anwesen. „Wow!" Fly kommt aus dem Staunen nicht mehr heraus, während er das Schloss und die Edelsteinverkleidung von außen mustert. „Komm rein!" Lonely zeigt sich als äußerst gastfreundlich und trabt voraus. Fly folgt ihr. Er kriegt seinen Mund immer noch nicht zu. „Ah!" Fly hört Lonely erschrocken rufen. Er wundert sich. „Lonely? Was ist los?" Er erhebt sich kurz in die Luft und steht nun direkt neben Lonely. Ihr Gesicht ist kreidebleich geworden.

„Meine Diamantensammlung! Meine Puppen! Das Erdbeben hat alles verschluckt!", stellt Lonely bestürzt fest. Fly tröstet das Alleinhorn: „Naja, das macht doch nichts! Hauptsache dir ist nichts passiert." „Da hast du recht, Fly. Und weißt du was? Ich habe zwar mein Gold und meine Diamanten verloren, aber den allergrößten Schatz gefunden!", bekommt Lonely neuen Mut. Der Pegasus ist erstaunt: „Jaa? Welchen Schatz denn?" Das Alleinhorn schmunzelt: „Na, DICH!" Pegasus grinst verlegen zurück und fühlt sich sehr geschmeichelt. Die beiden werden sofort beste Freunde.

Fly bietet dem Alleinhorn an: „Du hast mir im Wald geholfen. Ohne dich wäre ich verloren gewesen! Ich werde dir helfen, dein Schloss wieder in Ordnung zu bringen!" Lonely ist erstaunt: „Du musst das nicht für mich tun, Fly!" Doch das Pegasus bleibt hartnäckig: „Ich möchte es aber für dich tun. Du warst sehr hilfsbereit. Du bist einfach losgerannt und hast mich gerettet. Dir hätte auch etwas passieren können!" Fly legt seinen Flügel um Lonelys Schulter und bedankt sich aufrichtig: „Ich finde es nur fair, wenn ich mich so revanchiere!"

Und so machen sich beide ans Werk. Sie schnappen sich die Werkzeugkiste und beginnen damit, kaputte Möbel zu reparieren und das Chaos, das das Erdbeben hinterlassen hat, in Ordnung zu bringen. Draußen beruhigt es sich langsam wieder.

Da findet der Pegasus auf dem Boden des Schlosssaals plötzlich eine zersprungene goldene Puppe: „Die können wir leider nicht

mehr retten. Tut mir leid. Bist du sehr traurig?", fragt Fly seine Einhorn-Freundin. Lonely denkt kurz nach. „Nein, nicht wirklich." Fly antwortet: „Du hattest dieses Funkeln in deinen Augen, als wir zum Schloss geflogen sind. Man hat gemerkt, wie viel dir all das hier bedeutet." Das Alleinhorn gibt ihm recht: „Ja, das stimmt, aber…" Lonely stockt. „Aber?", fragt Fly neugierig. „Mir ist beim Aufräumen mit dir etwas aufgefallen. Diamanten sind nur Diamanten. Man kann sie ersetzen. Man kann sich welche kaufen. Aber einen Freund wie dich kann man sich nicht kaufen, für kein Geld der Welt. Ich bin sehr froh, dass du mir geholfen hast!"

Fly ist gerührt. „Ja, du hast recht. Freundschaft kann man sich wirklich nicht kaufen. Ohne dich als hilfsbereites Einhorn wäre ich völlig verloren gewesen in diesem verzauberten Wald! Freundschaft ist unbezahlbar, Lonely!" Beide stellen sich nah beieinander und schauen über die Veranda auf den Zauberwald, welcher zu leuchten beginnt. „Lonely?", meldet sich Fly erneut zu Wort. „Ja?" „Dein Name bedeutet ‚einsam'. Ab heute möchte ich dich lieber „Lovely" nennen. Denn du bist nicht mehr allein! Lovely heißt freundlich, nett oder lieb." Beide blicken in den Wald und strahlen. Von diesem Tag an findet der Pegasus hier sein neues Zuhause. Lovely ist nie wieder einsam und hat Fly an ihrer Seite.

INTERAKTIVER TEIL

Hast du auch gute Freunde, denen du gerne hilfst und die immer für dich da sind?

Hast du vielleicht das ein oder andere alte Spielzeug, das du nicht mehr brauchst oder gerne verschenken möchtest?

Findest du wahre Freunde auch wertvoller als alle Diamanten der Welt?

Wenn deine Freunde Diamanten wären, in welchen Farben würden sie funkeln?

10. DER KLEINE „AUAHAHN" ANTON

Der kleine Auerhahn Anton ist manchmal ganz schön tollpatschig. Vor kurzem hat er sich den Flügel verstaucht, denn er war gar nicht achtsam, sondern hat viele Dinge gleichzeitig gemacht. Daraufhin empfiehlt ihm seine Mutter einen Besuch bei Dr. Spieglie, einem Chamäleon, das zaubern kann. Das Chamäleon hilft Tieren dabei, verschiedene Probleme in den Griff zu bekommen. Um dem kleinen Anton zu helfen, verwandelt sich Spieglie in einen Auerhahn und zeigt Anton, worüber er dankbar

sein kann und dass es sich lohnt, achtsam durch den Alltag zu gehen.

Achtsamkeit, Dankbarkeit

DIE GESCHICHTE

„Nicht schon wieder!", schimpft Anton, der kleine Auerhahn, als er über ein Telefonkabel stolpert. „Nicht schon wieder! Das kann doch nicht sein!" Anton ist wirklich verzweifelt. Er ist so tollpatschig, dass ihm immer wieder Missgeschicke passieren. Gerade hat er das Telefonkabel mit sich gerissen. Erst neulich hat er sich einen Flügel verstaucht, weil er beim Laufen gestolpert ist. Selbst seine Freunde warnen ihn. „Anton, du musst ein bisschen besser auf dich aufpassen!", meinte einer neulich. „Du machst oft viele verschiedene Dinge gleichzeitig! Warum konzentrierst du dich nicht auf eine Sache?", wird er immer wieder gefragt. Tja, Anton hat eben immer viel zu tun. Oft passiert ihm deshalb ein Missgeschick. „Was soll ich denn machen?", meint Anton dann verzweifelt. „Ich bin ein Auerhahn, ich habe viel zu tun!" „Ein AUAhahn bist du!", nannte ihn ein Schulkamerad erst neulich. „Auahahn – ja, das passt zu mir!", dachte Anton dann. Seitdem wird er von seinen Freunden nur „Auahahn" genannt. Doch dabei will er eigentlich ein ganz normaler Auerhahn sein, ohne „Aua"! Wie kann er sich nur helfen? „Ich sollte Mutter fragen!", überlegt sich Anton, als er zum Telefon greift.

„Mutter?" Die Mutterhenne ist gerade auf der Arbeit und nimmt ab. „Hallo, lieber Anton, schön, von dir zu hören", begrüßt ihn seine Mutter am anderen Ende der Leitung. „Ich habe ein Problem", gesteht ihr Anton. „Es geht um deine Tollpatschigkeit, richtig?" Die Mutterhenne ahnt es sofort. „Woher weißt du das?", fragt Anton verdutzt. „Deine Freunde haben mir erzählt, dass du inzwischen sogar schon Auahahn in der Schule genannt wirst. Was machst du denn nur immer?" „Ich weiß es auch nicht, Mutter. Ich bin in letzter Zeit so unachtsam. Ich habe so viel zu tun und möchte vieles gleichzeitig machen. Und am Ende geht dann irgendwas schief." „Ich kenne das, Anton. Ich habe da eine Idee. In deiner Nähe wohnt Dr. Spieglie, das Chamäleon. Er hat schon vielen Tieren geholfen, habe ich gehört. Man sagt, er habe magische Kräfte und könne wirklich jedem helfen. Er wohnt auf dem Baum Nr. 10. Du solltest ihn besuchen!" „Danke Mutter, das werde ich!" Dann verabschieden sich die beiden voneinander, schicken sich noch einen dicken Schmatzer per Luftpost zu und legen schließlich die Hörer auf.

Anton, der am nächsten Tag beim Versuch, seine Hose anzuziehen, beinahe hinfällt, verliert keine Zeit. Er besucht den Arzt, das magische Chamäleon. „Hallo, Herr Dr. Spieglie, bist du da?" Anton klopft an die Tür. „Hallo?", fragt er erneut. „Wer ist da?", antwortet ihm eine ganz tiefe Stimme. „Ich bin Anton, der Auerhahn." „Hallo Anton", erwidert die Stimme sofort. „Ich bin Dr. Spieglie, das Chamäleon. Warum bist du zu mir gekommen?" Da erklärt der kleine Hahn dem Doktor alles: „Ich bin so tollpatschig. Ich mache nämlich zu viele Dinge gleichzeitig. Meine Freunde nennen mich schon Auahahn, weil ich mir so oft weh tue. Ich weiß nicht, was ich machen soll!" „Okay, Anton", meint Dr. Spieglie und fragt ihn: „Sagst du mir, wie du aussiehst?" „Wie ich aussehe?", denkt Anton verdutzt. „Ich bin ein Auerhahn. Ich habe gelbes Gefieder, meine Füße sind orange und mein Kamm ist ebenfalls gelb." Die Tür öffnet sich. „Komm herein, Anton." Anton betritt das Zimmer, in welchem sich nur ein Spiegel befindet. Dr. Spiegli sieht er nicht. Dann erblickt er sich plötzlich selbst im Spiegel. Das Spiegelbild bewegt sich völlig anders als er selbst. „Dr. Spieglie,

89

wer ist das im Spiegel?", fragt Anton verdutzt. „Das bin ich und ich bin nun du, Anton. Wir sehen für diesen Moment völlig gleich aus. Sag mir, wofür du in deinem Leben dankbar bist!" „Dankbar?", stutzt Anton, der sich diese Frage so noch nie gestellt hat. „Ähm, da muss ich überlegen… Ich bin dankbar, dass ich fliegen kann. Dass ich ein Dach über dem Kopf habe. Und ein warmes Bett, was auch nicht jedes Tier hat. Ich habe außerdem tolle Freunde. Und jeden Tag zu trinken und zu essen. Meine Eltern halten immer zu mir, obwohl ich tollpatschig bin." Anton fällt auf einmal ganz vieles ein, wofür er dankbar ist. Und er merkt, wie er sich entspannt. „Ich denke selten darüber nach, aber eigentlich geht es mir doch sehr gut."

„Ab jetzt machst du es anders, Anton!" Dr. Spieglie gestikuliert wild. „Jeden Tag stellst du dich dreimal, wie eben, vor den Spiegel und du sagst deinem Spiegelbild, wofür du gerade dankbar bist. Außerdem konzentrierst du dich ab sofort nur noch auf eine Sache und fängst keine tausend Sachen gleichzeitig an. Wenn du viel zu tun hast, atmest du tief ein und aus. Eine ganze Minute lang! Lasse

deine Gedanken in dieser Zeit kommen und gehen. Vertrau mir, Anton. So wird es dir schon bald besser gehen!"

Anton vertraut dem Chamäleon. Er geht nach Hause und setzt Dr. Spieglies Rat gleich in die Tat um. Er sagt sich jeden Tag dreimal, wofür er dankbar ist. Ihm fallen viele Dinge ein und er merkt immer mehr, wie gut er es hat. Im stressigen Alltag spürt er ganz deutlich, wie gut ihm die Pausen und das bewusste Atmen tun. Und siehe da! Nach kurzer Zeit passieren ihm fast gar keine Missgeschicke mehr. Jetzt nennt ihn keiner mehr „AUAhahn".

INTERAKTIVER TEIL

Ging es dir auch schon mal wie dem Auahahn Anton und hast du dir weh getan, weil du nicht aufgepasst hast?

Hast du dich schon mal riesig gefreut, weil du so schnell gesund geworden bist? Hast du Dankbarkeit gespürt dafür, dass du wieder gesund geworden bist?

Für welche Menschen um dich herum bist du dankbar?

Für welche Dinge bist du dankbar?

11. DIE RAUPE MIT DEN UNSICHTBAREN FLÜGELN

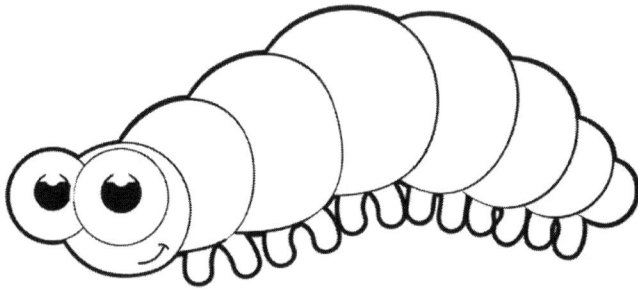

Die kleine Raupe namens Turbi träumt, seit sie denken kann, vom Fliegen. Sie ist sehr tüchtig und tüftelt Tag für Tag an ihren Plänen und Ideen. Manchmal gelingen ihr dabei sensationelle Erfindungen, die die ganze Insektenwelt weit und breit ins Staunen versetzt. So hat sie zum Beispiel aus einer runden Blüte und ein paar Grashalmen einen Heißluftballon gebaut. Doch Turbi will unbedingt selbst fliegen ohne Hilfsmittel, so frei wie ein Vogel. Leider fehlen ihm dazu die Flügel. All seine Insektenfreunde versuchen, ihm das Fliegen auszureden. Sie sagen, Turbi sei nicht dazu gemacht. Mit der Zeit gibt die erfinderische Raupe ihren Traum von eigenen Flügeln auf und findet sich damit ab, dass sie wohl für immer auf dem Boden bleiben muss. Doch dann passiert etwas Unfassbares, mit dem niemand gerechnet hätte – auch

nicht Turbi! Er trifft den magischen und kunterbunten Kolibri „Flatterius", der über Zauberkräfte verfügt. Bei jedem Flügelschlag versprüht er Diamanten-Konfetti, welches sich nach kurzer Zeit wieder in Luft auflöst. Ob der magische Kolibri den Traum der Raupe Turbi erfüllt?

LERNEFFEKT

Kreativität, Glück, Magie

DIE GESCHICHTE

„Ach, wie schön wäre es, über den Wolken zu schweben, völlig frei und federleicht zu sein…", träumt die kleine, niedliche Raupe vor sich hin. Turbi denkt fast jeden Tag an das Fliegen. Er weiß nicht, wieso ihn dieser Gedanke so fasziniert, aber seit er denken kann, ist das Fliegen ein Teil seiner Selbst. „Wie schön wäre es, hoch oben zu fliegen, alles im Blick zu haben und erkunden zu können." Turbi verliert die Realität oft aus den Augen, denn die sieht nämlich ganz anders aus.

„Turbi? Was träumst du denn wieder?" Die Ameisen kennen den verträumten Turbi nur zu gut. Sie schätzen ihn sehr für seine genialen Erfindungen. „Du hast einfach immer die besten Ideen!", sagen sie. „Turbi, du hast unserem Volk schon so viele tolle Erfindungen geschenkt! Du bist immer für uns da! Weißt du noch, der Heißluftballon?" Die Spinne stimmt zu: „Ja, Turbi. Der Heißluftballon! Du wolltest ihn unbedingt bauen und mit ihm schweben und das ist dir gelungen, war das toll!"

„Ja, das war toll!", bestätigt Turbi. „Aber ich möchte richtig fliegen
können. Ohne Hilfsmittel, einfach so!" „Also, mir und meinen
Kindern hast du damit einen Riesenwunsch erfüllt!", meint die
Spinne. „Wir leben ständig auf unseren acht Beinen. Dass wir
eines Tages fliegen können, das hätte keiner vermutet. Das war
eine tolle Idee, Turbi!", schwärmt die Spinne erneut. „Ach, vielen
Dank, das habe ich gern gemacht", freut sich der bescheidene
Turbi. Es kommen noch mehr Insektenfreunde vorbei. Ein
Schmetterling lobt ihn: „Wer kommt schon auf die Idee, aus einer
runden Blüte und ein paar Grashalmen einen Ballon zu bauen! Du
bist wirklich ein Genie, Turbi!" „Das ist schön zu hören, danke",
erwidert Turbi dem Schmetterling. „Aber ich bin trotzdem traurig.
Du hast Flügel und siehst die Welt ständig von oben. Wie gern
wäre ich doch auch ein Schmetterling!" Turbi ist und bleibt
betrübt. Die Spinne gibt ihm einen gut gemeinten Rat: „Ich
verstehe dich nicht, Turbi. Je eher du erkennst, wer du bist, desto
schneller bist du glücklich." Doch Turbi möchte nicht wahrhaben,
dass er nun mal eine Raupe und kein Insekt mit Flügeln ist.

Nachdenklich robbt die Raupe Turbi nach Hause. „Ich mag es, den anderen Tieren zu helfen", denkt sich Turbi. „Ich scheine jedem helfen zu können, außer mir selbst!" Müde und vor allem etwas enttäuscht kriecht Turbi in sein Bett. Er ist schon ganz erschöpft vom vielen Denken an das Fliegen. „Mmmh… wohin würde ich zuerst fliegen? Wen würde ich besuchen?" Irgendwann schläft er dann endlich ein.

Turbi träumt in dieser Nacht sehr intensiv. Er sieht sich vor seinem inneren Auge, wie er schläft. Doch plötzlich hört er etwas Lautes. In seinem eigenen Traum wacht er auf. Es wird dunkler und er merkt, dass etwas über ihm ist. Turbi schaut in den Himmel. Ein großer Schatten befindet sich über ihm. Es ist so dunkel, dass Turbi erst gar nicht sehen kann, was da überhaupt ist. „Das ist Flatterius!" Eine andere Stimme meldet sich. Turbi schaut verdutzt in Richtung der Stimme. Er merkt, dass es die Spinne vom heutigen Tage ist. Die Spinne ruft: „Das ist der magische Kolibri!" „Wer?", fragt Turbi, er hat keine Ahnung, wer Flatterius wohl sein mag.

„Er taucht nur alle hundert Jahre hier auf", meint die Spinne. „Aber wenn er auftaucht, dann passiert immer etwas Besonderes. Er versprüht Diamanten-Konfetti und glitzert. Flatterius bleibt nur kurz und verschwindet schnell wieder. Er ist magisch! Bestimmt bekommst du ihn gleich zu Gesicht!" Nun tauchen plötzlich viele fleißige Bienchen in Turbis Traum auf, auch sie sind auf den Kolibri aufmerksam geworden, der immer noch in der Luft herumkreist.

„Das ist wirklich ein sehr komischer Traum", denkt sich Turbi, der sonst von ganz anderen Sachen träumt. Vom Fliegen zum Beispiel, aber nicht von einem kunterbunten Kolibri. „Das ist kein Traum. Du bist wach!" Turbi wundert sich. Wer hat das gerade gesagt? Es ist Flatterius, der nach wie vor über Turbi fliegt. „Du träumst nicht. Du glaubst nur, dass du träumst. Aber warum ist es so wichtig, das zu wissen? Manche verträumen ihr ganzes Leben. Und dann gibt es Insekten wie dich, Turbi, die ihre Träume verwirklichen und anderen damit helfen." „Anderen, ja. Aber meinen eigenen Wunsch kann ich mir nicht erfüllen", meint Turbi. Inzwischen sind noch viele weitere Tiere und Insekten hinzugestoßen. Schließlich sieht man den Kolibri ja nicht jeden Tag.

„Du denkst sehr viel an andere", so der Kolibri, der langsam immer tiefer fliegt und Turbi in die Augen schaut. „Du inspirierst viele. Du machst viel für andere. Es wird Zeit, dass man etwas für dich tut. Wer andere inspiriert, braucht manchmal selbst etwas

Inspiration." „Man sagte mir, du hättest Zauberkräfte? Kannst du mir meinen Wunsch erfüllen und mir Flügel wachsen lassen?" „Ich habe Zauberkräfte, ja. Aber nicht so, wie du denkst. Meine Kraft ist es, Tieren und Insekten dabei zu helfen, sich selbst besser kennenzulernen, sich selbst mehr zu lieben. Das allein bringt Glück." „Das verstehe ich nicht", meint Turbi. „Bald wirst du mich verstehen", erwidert der Kolibri lächelnd. In diesem Moment steigt Flatterius wieder auf. Er versprüht das berühmte Diamanten-Konfetti. „Sieh, er macht es wieder!", zeigt die Spinne mit einem ihrer acht Beine in den Himmel und alle staunen.

Auch Turbi ist verdutzt. Das Diamanten-Konfetti des Kolibris regnet auf die Raupe herab. „Was passiert nun?", fragt sie sich. Alle sehen dabei zu, wie sich das Konfetti langsam auf Turbi verteilt. Doch einige Sekunden später ist der Glitzer verschwunden, so als habe er nur geträumt. „Und jetzt?" Turbi hat Fragen über Fragen. Er merkt, wie er müde wird. „Ach, ja, es ist ja mitten in der Nacht. Ich sollte wieder schl…" Noch bevor Turbi seinen Gedanken beenden kann, nickt er ein. Hat ihn der Kolibri etwa müde gemacht? Die Raupe kann sich gar nicht mehr von ihren Freunden verabschieden. Sie ist so müde, dass sie in ihr Bett fällt. Da beginnt sie wieder zu träumen.

Sie träumt, wie sie auf einem Ast liegt. Sie hat viel zu viel gefressen und beginnt damit, sich einzurollen. Sie verpuppt sich, verwandelt sich. Sie merkt, wie sich etwas in ihr verändert. Ihr ganzes Leben hat sie sich für andere Tiere eingesetzt. Doch nun konzentriert sie sich auf sich selbst. Sie hat das Glück auf ihrer Seite, denn schließlich hat der Kolibri sein Konfetti über sie regnen lassen.
Da passiert es: Turbi entwickelt sich in seinem Kokon. Die Zeit der Verwandlung vergeht wie im Nu. Er wird zu einem Schmetterling!

Als Schmetterling strahlt er all das aus, was er schon immer in sich gespürt hat. Er strahlt mit seinen Farben, er ist frei. Er kann alles von der Luft aus betrachten und jeden Ort besuchen, den er möchte. Er kann den anderen noch besser helfen, denn er ist ja in Sekundenschnelle bei ihnen. Turbi spürt den Wind, der ihm noch Auftrieb gibt. Der Schmetterling fliegt schneller und schneller und genießt das Gefühl. Da erinnert er sich an die Worte des Kolibris. „Manchmal ist es gar nicht so einfach, Traum und Realität voneinander zu unterscheiden. Das Leben fühlt sich manchmal auch an wie ein Traum." Plötzlich reißt Turbi seine Augen auf, er erwacht. Und... er fliegt! Turbi fliegt. Turbi fliegt, wie er sich es immer erträumt hat. Turbi ist tatsächlich ein Schmetterling geworden und sieht all seine Freunde von oben. Von nun an ist Turbi glücklich und macht die Lüfte unsicher.

Tüftelst und bastelst du auch so gern wie die Raupe?

Gibt es vielleicht etwas, das du gern schaffen würdest? Aber von dem du glaubst, dass du es nie erreichen wirst?

Was sind deine besten oder lustigsten Ideen und tollsten Erfindungen?

Über die Autorin

Die Autorin Brigitte Bacher verfasst regelmäßig Ratgeber im Bereich „Familie & Kinder". Als ausgebildete Gesundheitstrainerin und Ernährungsberaterin möchte sie Eltern dazu anregen, deren Wohlbefinden sowie das ihrer Kinder zu steigern.

„Jedes Kind hat das Recht, so akzeptiert und geliebt zu werden, wie es ist", erzählt die herzliche Autorin. Sie vertritt die Ansicht, dass es keine „komplizierten Kinder" gibt. „Eltern brauchen lediglich mit den individuellen Bedürfnissen und Fähigkeiten ihres Kindes richtig umzugehen".

Ihr Wunsch ist es, mit ihren Büchern dazu beizutragen, dass Kinder gesund und behutsam aufwachsen beziehungsweise optimal gefördert werden. Brigitte beschäftigt sich seit über zwölf Jahren intensiv mit der Pädagogik. Außerdem ist sie leidenschaftliche Köchin und liebt es, ihre Familie mit gesunden Gerichten zu verwöhnen. „Eine gesunde Ernährung ist für Kinder von elementarer Bedeutung, damit sie sich bestens entwickeln können", lautet Brigittes Statement. Sie legt großen Wert auf eine frühe Gesundheitserziehung und rät allen Müttern und Vätern: „Wer ein Bewusstsein für eine gesunde und positive Lebensführung bei seinen Kindern schafft, der legt damit einen extrem wichtigen Grundbaustein."

Die Autorin sieht sich in der Lage, mit jedem sensiblen Kind mitzufühlen, denn sie ist selbst eine feinfühlige Person.

„Ich möchte sensiblen und gefühlsstarken Kindern helfen, da ich genau nachempfinden kann, was in ihnen vorgeht und was sie durchmachen, wenn ihr Umfeld sie nicht versteht und akzeptiert", verrät die engagierte Autorin. Aus diesem Grund rät sie allen Eltern mit sensiblen Kindern, diese voll und ganz anzunehmen so wie sie sind und stolz auf sie zu sein.

Brigitte wünscht Ihnen viel Vergnügen beim Lesen ihrer Bücher.

DANKE

Vielen Dank dafür, dass du mein Buch gelesen hast.

Wenn ich dich beziehungsweise dein Kind mit den Geschichten in meinem Buch begeistern und inspirieren konnte, freue ich mich sehr.

Ich hoffe, dass es deinem Kind wunderbar gelingt, mehr Selbstvertrauen zu gewinnen und eine noch stärkere kleine Person zu werden.

Alles Liebe,

Deine

Brigitte Bachor

ICH FREUE MICH AUF DEIN FEEDBACK

Für mich ist es sehr wichtig, Feedback zu meinem Buch zu bekommen. Wenn du Anregungen oder Verbesserungsvorschläge hast, so schreibe mir doch bitte eine Mail an:
info@virtuoso-verlag.de

bevor du eine schlechte Bewertung abgibst. Ich freue mich sehr über konstruktive Kritik. Da es mich viel Zeit und Energie gekostet hat, dieses Buch zu erstellen, wäre ich dir sehr dankbar, wenn du mir anstelle einer schlechten Bewertung deine Verbesserungsvorschläge persönlich zukommen lässt. Denn dann hätte ich eine Chance, deine Kritik anzunehmen und mein Buch zu verbessern.

Über eine kurze Rückmeldung in Form einer Rezension auf Amazon würde ich mich ebenfalls sehr freuen. Diese kannst du wie folgt erstellen: Besuche auf Amazon.de die Produktseite des Artikels, für den du eine Rezension erstellen möchtest. Klicke unter Kundenrezensionen auf „Kundenrezension verfassen". Bewerte den Artikel und verfasse deine Rezension.
Alternativ kannst du diesen Link benutzen, der dich direkt auf die Seite leitet, auf der du deine bestellten Produkte bewerten kannst. Der Link ist verschlüsselt und sicher:
https://virtuoso-verlag.de/Amazon-Bewertung

IMPRESSUM

Brigitte Bacher
© Virtuoso

V

VIRTUOSO
books and more

1. Auflage 2020

Kontakt:
"Virtuoso"

Athina Crane
Mittenwalder Str. 5A
82467 Garmisch-Partenkirchen
info@virtuoso-verlag.de

Covergestaltung: Virtuoso, M. F.
Korrektur: M. H.
Bilder: M. F.; www.depositphotos.com, www.shutterstock.com

Printed in Poland
by Amazon Fulfillment
Poland Sp. z o.o., Wrocław